Besser laufen für Anfänger

Holger Meier

BESSER LAUFEN
für Anfänger

EINFACHE BAUSTEINE

für ein effektiveres Training

Meyer & Meyer Verlag

Besser laufen für Anfänger

Bibliografische Information der Deutschen Nationalbibliothek
Die Deutsche Nationalbibliothek verzeichnet diese Publikation in der Deutschen Nationalbibliografie; detaillierte bibliografische Details sind im Internet über <http://dnb.d-nb.de> abrufbar.

Auckland, Beirut, Dubai, Hägendorf, Hongkong, Indianapolis, Kairo, Kapstadt, Manila, Maidenhead, Neu-Delhi, Singapur, Sydney, Teheran, Wien

Member of the World Sport Publishers' Association (WSPA)

Gesamtherstellung: Print Consult GmbH, München

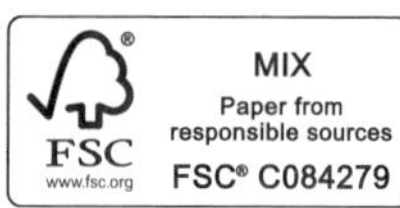

ISBN 978-3-8403-7748-8
E-Mail: verlag@m-m-sports.com
www.dersportverlag.de

INHALT

EINLEITUNG

Lieber Leser,

Sie sind Laufanfänger oder Gelegenheitsläufer und lieben es, einfach nach Lust und Laune zu laufen?

Sie genießen es, sich den Wind der Freiheit ins Gesicht wehen zu lassen, welcher es Ihnen ermöglicht, zu laufen, wann immer SIE es wollen?

Das Laufen gefällt Ihnen so gut, dass Sie sich wünschen, das Laufen noch besser „auf den Weg/die Straße bringen" zu können?

Geschmeidiger, effizienter, ökonomischer, gesünder, weiter, schneller, nachhaltiger?

Sie stellen sich vor, wie es wäre, einen Körper zu besitzen, welcher tatsächlich optimal läuft. Nicht nur im Sinne Ihrer Beine, welche sich bewegen (linker Schritt, rechter Schritt), sondern im Sinne eines kompletten ganzheitlichen „Laufkörpers".

Mit diesem Buch werden Sie anders sein als viele andere Läufer.

„Andere", die einfach nur Kilometer abreißen und sich lieber für Marathon-Lauftrainingspläne interessieren, obwohl deren (Lauf-)Körper nicht in der Lage ist, diese hohen Laufumfänge unbedenklich zu meistern, da ihnen ein entsprechend trainierter Körper fehlt.

„Andere", die das Laufen nicht so lieben werden, wie Sie es mit diesem Buch können, da Lauftrainingspläne diese knechten und keinen Spielraum für anderes, wie zum Beispiel Bewegungsmuster, Atmungstechnik, Rumpfstabilität, die Wahrnehmung der Natur oder einen inneren Ausgleich, zulassen.

Mit diesem Buch haben Sie die Chance, das Laufen zu etwas Wunderbarem und Nachhaltigem zu machen. Zu etwas absolut Natürlichen!

Diese „anderen" gibt es leider zu Tausenden und diese werden das Laufen vielleicht nie so erleben, wie Sie es mit diesem Buch erleben werden.

Dieses Laufbuch unterscheidet sich von vielen anderen, die viele Tipps für Sie als laufinteressierten Leser parat haben.

Denn dieses Laufbuch ist ein Praxisbuch und bietet inhaltlich allen Laufanfängern, Gelegenheitsläufern sowie sehr wohl auch den fortgeschrittenen Läufern eine Fülle an wertvollen und praktischen Trainingsmitteln, welche Ihr Laufen perfektionieren werden.

Übrigens: Viele zusätzliche Tipps gibt es außerdem.

Nutzen Sie dieses Praxisbuch als Baukasten für Ihr Laufen.

Laufen Sie dadurch weiter, schneller, ökonomischer, effizienter und nachhaltiger!

Sie erkennen bereits in dieser Einleitung, der Titel zu diesem Buch ist auch tatsächlich der Inhalt:

Besser laufen für Anfänger

Mit diesem Praxisbuch machen Sie das Laufen definitiv besser! Definitiv! Versprochen!

Lernen Sie in diesem Buch aus dem Baukasten verschiedene „Werkzeuge" kennen (und lieben), welche Ihnen zu einem besseren Laufen verhelfen. Jedes Tool für sich und jedes auf seine (andere) Art und Weise! Und das Besondere daran ist, dass der daraus resultierende Laufkörper Sie nicht nur fit zum besseren Laufen macht und Ihre Laufleistung steigert, sondern auch Ihnen in Ihrem Alltag zu einer spürbar besseren Fitness verhilft.

Dieses Praxisbuch soll bewusst so frei sein wie Ihr Laufen selbst. Daher habe ich dieses Buch inhaltlich so konzipiert, dass es keiner festen Reihenfolge folgt. Arbeiten Sie mit diesem Buch, wie Sie es möchten. Ganz nach Anspruch oder Geschmack. Es spielt keine Rolle, wie Sie es machen. Sie machen absolut nichts falsch, denn jeder dieser Bausteine ist sehr wertvoll für Ihr Laufen und bringt Sie sprichwörtlich weiter.

Arbeiten Sie dieses Buch von vorne nach hinten durch. Oder überspringen Sie das eine oder andere Kapitel und benutzen Sie es zu einem späteren Zeitpunkt. Einerlei, wie Sie es umsetzen, wird Ihr Laufen auf jeden Fall besser!

Jedes Programm in diesem Buch, welches Sie bisher noch nie benutzt haben und von nun anwenden, macht Ihr Laufen besser und Sie glücklicher. Und ich verspreche Ihnen: In diesem Buch warten viele nützliche Dinge auf Sie!

Wenden Sie dieses Praxisbuch an, wann und wie SIE es möchten. Genau mit der gleichen Freiheit, mit der Sie auch laufen.

Dieses Buch zeigt vielerlei Möglichkeiten auf, wie Sie Ihren Körper parallel zu Ihrer freien Lust zum Laufen zum Laufkörper gestalten und somit Ihre Laufleistung enorm verbessern werden. Sanfte Kapitel (wie zum Beispiel Kap. 3), elementare Kapitel (wie zum Beispiel Kap. 5) oder auch starke Kapitel (wie zum Beispiel Kap. 8) werden Ihre große Leidenschaft zum ungezwungenen Laufen verbessern und Ihre Begeisterung dafür intensivieren.

Hinzu kommt, dass Sie bei jeder Übung den „Lauftransfer", sowie den „Alltagstransfer" (Wie und wo wirkt sich diese jeweilige Übung auf Ihr Laufen und/oder Ihren Alltag aus?) für sich erkennen können.

Sehen Sie dieses Praxisbuch als Ihren persönlichen Bausteinkasten an und bilden Sie damit nicht nur einen optimalen Körper, der Ihr Laufen voranträgt und voranbringt, sondern erstellen Sie sich damit auch quasi automatisch ein sehr gutes (Lauf-)Training.

Um mehr brauchen Sie sich tatsächlich nicht zu kümmern! Alles, was Sie sonst eigentlich inhaltlich beachten sollten, habe ich bereits für Sie übernommen.

Zum Beispiel: Ein sehr gutes Training zeichnet sich dadurch aus, dass dieses die Komponenten Kraft, Ausdauer, Beweglichkeit, Koordination und Schnelligkeit beinhaltet. Da Sie die Komponenten Ausdauer und gegebenenfalls Schnelligkeit durch Ihr Laufen abdecken, sind die anderen Komponenten bereits in vielen dieser Programme vereint. Das heißt, Sie brauchen sich auch nicht um diese Steuerung zu kümmern. Die ist in diesem Buch bereits berücksichtigt!

Also laufen Sie los und steigern Sie Ihre Laufleistung. Machen Sie Ihre Liebe zum Laufen noch vollkommener!

Und genau dabei wünsche ich Ihnen ganz viel Spaß.

Genießen und erleben Sie diese bewegenden Bausteine.

Und das Geniale für Sie bei diesen Übungsprogrammen ist:

Sie bringen Ihrem Laufen so viel und nehmen kaum Zeit in Anspruch!

Laufen Sie nun frei los und beginnen Sie, Ihren laufgesunden Laufkörper auf Lebenszeit zu entwickeln!

Ihr
Holger Meier

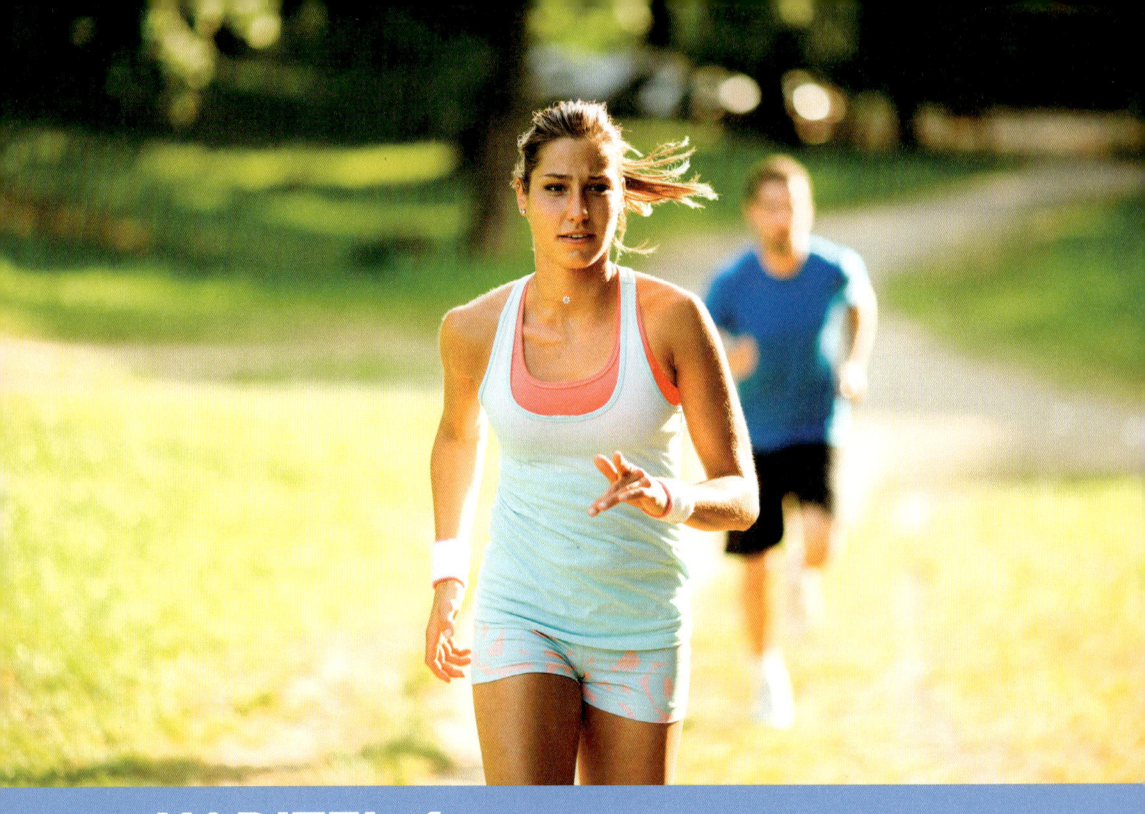

KAPITEL 1

1 DIE TRAININGSSTEUERUNG – DIE ZENTRALE STEUERUNG FÜR BESSERES LAUFEN

Auch wenn Sie die Freiheit, ohne Lauftrainingsplan zu laufen, genießen, sollten Sie das eine oder andere über die Trainingslehre wissen. Halt! Stopp!

Bitte seien Sie jetzt nicht gleich geneigt, dieses Kapitel zu überblättern, nur weil Sie vermuten, dass lediglich trockene, unnötige Theorie auf Sie wartet! Denn diese Theorie, dieses Wissen, hilft Ihnen beim Laufen, Ihren Körper besser zu verstehen, seine Signale in dieser Beziehung zu deuten, um auf diese reagieren und sie steuern zu können.

WAS BRINGT IHNEN DIESES PROGRAMM?

Wodurch wird in diesem Kapitel Ihr Laufen/Ihre Laufleistung besser?

» *Sie werden lernen und verstehen, Ihr Laufen besser zu dosieren, um es so nachhaltiger genießen zu können.*

» *Sie werden feststellen, wie wichtig die Erholung ist und welche Rolle diese in Ihrer sich verbessernden Laufentwicklung spielt.*

» *Sie werden sich die Fähigkeit aneignen, Trainingsreize zu steuern, um Ihre Laufleistung auszubauen.*

» *Sie werden Kraftfähigkeiten und die Trainingsdosierung entwickeln und sich gleichzeitig vor Überlastungen schützen.*

» *Sie werden einen leicht verständlichen Einblick in die Trainingslehre erhalten und können dieses Wissen auf jegliche Art von Training anwenden. Dadurch können Sie neue Trainingsbereiche für sich entdecken und umsetzen.*

» *Sie werden durch diesen Baustein nachhaltig einfach besser.*

Durch diesen Wissensgewinn und dessen Beachtung wird automatisch Ihr Laufen besser (weil es IHREM Körper entspricht!) und Ihre Laufleistung verändert sich absolut zum Positiven. Also halten Sie doch einfach die paar Seiten durch (So viele sind es nicht!), denn es lohnt sich!

1.1 DIE STEUERUNG DER REIZE

Es spielt keine Rolle, wie schön das Laufen in der Natur oder wie interessant das Laufen in der Stadt auch für Sie sein mag. Einerlei, wie sehr dies Ihren inneren Ausgleich unterstützt und Sie entspannt. Gleichgültig, wie emotional positiv das Laufen für Sie ist, in der Trainingslehre ist die muskuläre Bewegung des Laufens schlichtweg „nur" ein Reiz, welcher auf Ihren Organismus (ein-)wirkt.

Aber, keine Sorge, für Ihren Körper sind die Reize etwas Gutes – vorausgesetzt, Sie verstehen diesen Reiz und wissen mit diesem gekonnt umzugehen. Und dies ist wirklich nicht schwer.

Da Ihnen in diesem Buch die Reize bei den unterschiedlichsten Gelegenheiten begegnen, möchte ich Ihnen diese und deren Steuerungen gerne kurz erklären.

1.2 DIE DOSIERUNG

Die Dosierung (*Reizintensität* bzw. *Reizdauer*) ist beim Laufen spürbar durch die Länge der Läufe, die Laufgeschwindigkeit oder das Profil der Strecke, welche Sie wählen. Sie haben die Freiheit, diese Wahl auf Ihr Gefühl oder Ihre Tagesform abzustimmen.

Aber, Vorsicht! Gerade die Laufanfänger sollten hier locker vorgehen und beim Laufen das Motto „locker und lächelnd" bevorzugen. Bei Ihren lockeren und genussvollen Ausläufen werden Ihnen sehr häufig andere Läufer begegnen, welche dieses Motto leider nicht beherzigen. Schauen Sie diesen Menschen einmal in ihr vor Überlastung verzerrtes Gesicht und fragen Sie sich, ob diese Läufer nun wirklich einen Genuss und Mehrgewinn für sich verspüren.

Leider sieht man sehr häufig dieses Phänomen bei anderen Läufern. Die Devise „No Pain – No Gain" hat sich (durch Unwissenheit?) durchgesetzt und ist kein guter Begleiter des natürlichen Laufens. Wenn dann diese Läufer nicht noch auf eine ausreichende Regeneration achten, kann es mit dem „Laufgenuss" sehr bald wieder vorbei sein!

Nutzen Sie also die Dosierung richtig: Locker und lächelnd – das schützt Sie vor unnötigen Überlastungen und vor Rückschlägen und Verletzungen beim Laufvergnügen. Und keine Sorge: Darunter wird Ihre Leistungsentwicklung nicht leiden – ganz im Gegenteil, Ihr Körper wird es Ihnen danken und sich entwickeln.

Die Wahl Ihrer Laufstrecke spielt ebenfalls eine wichtige Rolle bezüglich der Dosierung. Ist diese flach, hügelig oder gar gespickt mit steilen Rampen? Schauen Sie sich in Ihrer bevorzugten Laufumgebung um, stehen Ihnen dort verschiedene Laufterrains zur Verfügung?

1.3 BEGRIFFE AUS DER TRAININGSLEHRE

Während wir die Dosierung der Reize beim Laufen über die Wahl der Laufstrecke (Terrain und Länge) und Laufgeschwindigkeit selbst stufenlos wählen können (im Gegensatz durch die Vorgaben eines Lauftrainingsplans), wird diese bei den verschiedenen Programmen dieses Buchs oftmals anders gesteuert. Aus diesem Grunde folgen nun ein paar Begrifflichkeiten, deren Erklärung und Handhabung:

1.3.1 Dynamische und statische Übungen

Bei den hier für Ihren Körper vorkommenden Kräftigungsübungen gibt es dynamische sowie auch statische Übungen.

Unter den *dynamischen* Übungen versteht man Übungen, welche in der Bewegung absolviert werden. Zum Beispiel fünf Kniebeugen am Stück.

Bei einer *statischen* Übung hingegen wird eine Position eingenommen und eine Zeit lang gehalten. Zum Beispiel bei der Übung „Unteramstütz".

1.3.2 Wiederholungen

Wenn Sie Ihren Körper trainieren möchten, um effizienter, ökonomischer und kraftvoller laufen zu können, erwartet Sie in diesem Buch eine exzellente Auswahl an wertvollen Übungen, mit denen Sie dieses Ziel gut erreichen können.

Diese Übungen werden meist mit einer Anzahl von „Wiederholungen" dosiert.

Hiermit ist gemeint, wie oft Sie den Bewegungslauf einer Übung, am Stück ohne Unterbrechung, absolvieren sollen. Sollte die Übung Ihrer Wahl zum Beispiel mit „10 Wiederholungen" beschrieben sein, bedeutet dies, dass Sie 10-mal diese Übung korrekt ausführen sollen.

1.3.3 Sätze

Oftmals steht bei einer Übung, dass Sie die Wiederholungsanzahl mehr als „nur" einmal ausführen sollen. Dies wird zum Beispiel gekennzeichnet durch dreimal 10 Wiederholungen. Das heißt, Sie absolvieren von der entsprechenden Übung 10 Wiederholungen, machen dann eine Satzpause, absolvieren erneut die 10 Wiederholungen, machen wieder eine Satzpause, um dann die letzten 10 Wiederholungen dieser Übung zu genießen.

1.3.4 Satzpause

Die Satzpause hat die Aufgabe, Ihnen zwischen den Sätzen eine Erholung zu geben.

Nutzen Sie diese, neben der Erholung, um zu trinken oder sich auf den nächsten Satz zu konzentrieren. Diese Pause kann passiv sein (Sie machen also nichts, „außer" sich zu erholen, zu trinken und sich auf den nächsten Satz zu konzentrieren) oder auch aktiv.

Beispiel mit passiver Pause: 3 x 10 Wiederholungen/90 Sekunden Satzpause.

Bei der aktiven Pause wird eine Übung angegeben, welche Sie in der Pause absolvieren sollen.

Beispiel mit aktiver Pause: 3 x 10 Wiederholungen/90 Sekunden auf der Stelle laufen.

1.3.5 Übungspause

Wenn Sie einem Programm folgen, welches mehr als nur eine Übung für Sie parat hat, dann ergibt sich ebenfalls eine Pause zwischen den Übungen:

Beispiel:
Übung 1: 3 x 10 Wiederholungen/90 Sekunden Satzpause.
2 Minuten Übungspause
Übung 2: 3 x 10 Wiederholungen/90 Sekunden Satzpause.

Die bei diesem Beispiel angegebene Übungspause von zwei Minuten kann wieder passiv oder auch aktiv gefüllt werden.

1.4 DIE TRAININGSMETHODE

Das Training lässt sich mit verschiedenen Trainingsmethoden gestalten.

1.4.1 Die Wiederholungsmethode

Die Wiederholungsmethode ist jene, welche wir gerade besprochen haben.

Zum Beispiel 3 x 10 Wiederholungen einer Übung.

1.4.2 Die Intervallmethode

Intervalltraining kennt man vor allem natürlich als Schlagwort aus dem Lauftraining. Jedoch können auch viele Bausteine aus diesem Buch damit gesteuert werden.

Bei der Intervallmethode geht es darum, den Körper in einer vorgegebenen Zeit zu belasten, um ihn dann in der vorgegebenen Pausenzeit zu entlasten.

Beispiel:
Zwei Intervalle à 30 Sekunden mit 30 Sekunden Pause.

Dies würde bedeuten: Sie absolvieren 30 Sekunden lang die Übung, pausieren dann für 30 Sekunden, um dann wieder 30 Sekunden lang die Übung zu absolvieren.

1.4.3 Die Dauermethode

Bei der Dauermethode wird die Belastung ohne Pause über eine gewisse Dauer ausgeführt. Die Intensität sollte hier im moderaten, lockeren Bereich liegen und über eine längere Dauer anhalten. 30 Minuten lang zu joggen zum Beispiel.

1.5 DIE TRAININGSHÄUFIGKEIT

Jede Bewegung zählt. Einmal die Woche zu trainieren, ist sicherlich besser als keinmal, aber dennoch zu wenig. Jeden Tag zu trainieren, wäre sicherlich auch zu viel, es sein denn, das Training wäre über längere Zeit sehr ausgeklügelt aufgebaut. Um dieses zu konzipieren, sollte einem immer bewusst sein, dass verschiedene Belastungen auch verschiedene Erholungszeiten/Regenerationszeiten zur Folge haben!

Denn Reiz entsteht in der Belastung und die Verarbeitung und Entwicklung des Reizes erfolgt in der Entlastung.

Es ergibt sich also daraus, wenn man seinen Körper leistungstechnisch entwickeln möchte, sollte man sich also nicht nur die Belastungen (Übungen, Dosierung des Reizes) gut überlegen, sondern auch die anschließende Erholung (Regenerationszeiten).

1.5.1 Reizart und Regenerationszeiten

So lange wirkt die entsprechende Reizsetzung auf den Organismus.

Reizart	Erholungs-/Regenerationszeit
Aerobe Ausdauer	Zum Beispiel moderater Dauerlauf, Walken
Anaerobe Ausdauer	Zum Beispiel schneller Dauerlauf
Schwere anaerobe Ausdauer	Zum Beispiel Sprinten
Kraftausdauer	Intensität: ca. 40-60 % der Maximalkraft Belastung mit 15-30 Wiederholungen
Hypertrophie (den Muskelquerschnitt vergrößern)	Intensität: ca. 70-85 % der Maximalkraft Belastung mit (6)8-12(15) Wiederholungen

Abb. 1: Übersicht über die Erholungs- und Regenerationszeiten

Ein Unterschreiten oder ein Missachten dieser Erholungs-/Regenerationszeiten ist nicht zu empfehlen, da die Gefahr eines Übertrainings und damit ein Raubbau am eigenen Körper gegeben wäre.

Beachten Sie bitte, dass aber Ihre Ernährung, Ihr Trinkverhalten, Ihr Gesundheitszustand und Ihre Schlafqualität starken Einfluss auf die Erholung/Regenerationszeiten haben!

Am besten verdeutlicht dies das Prinzip der *Superkompensation*: der Zusammenhang unserer biologischen Leistungsentwicklung mit dem Zusammenspiel von Belastung und Entlastung.

1.5.2 Regenerationszeitsteuerung: Aufteilung der Muskelgruppen

Eine Beachtung der Muskelgruppen im Training ist also vonnöten, damit man die erforderlichen Regenerationszeiten besser bewerkstelligen kann.

Keine Angst, klingt vielleicht kompliziert, ist es mit diesem Buch aber nicht.

Für Ihr besseres Verständnis teilen wir Ihren Körper grob in die folgenden Bereiche auf:

Oberkörper – Rumpf – Beine und Ganzkörperübungen.

Somit können Sie die Bereiche sehr leicht getrennt voneinander beachten und, wenn gewünscht, steuern. Aber keine Angst, für jene Leser unter Ihnen, welche nicht steuern möchten, steuere ich jedes Trainingsprogramm für Sie. Schauen Sie einfach etwas weiter unten in den grünen Kasten.

Möchten Sie zum Beispiel Ihre Muskelgruppen, neben oder während Ihres Laufens, trainieren und dabei die „Gesetze" der Regeneration nicht außer Acht lassen, dann könnten Sie diese über die Woche hinweg zum Beispiel so aufteilen:

Montag: *Rumpf*
Dienstag: *Oberkörper*
Mittwoch: *Beine*
Donnerstag: *Rumpf*
Freitag: *Oberkörper*
Samstag: *Beine/Lauf-ABC*
Sonntag: *frei!*

1.5.3 Die Superkompensation

Die Belastung (Bewegung, Sport, Training) auf den menschlichen Organismus ist, wie bereits besprochen, trotz allem Spaß und Freude nichts anderes als ein Reiz, der auf diesen einwirkt. Ist dieser Reiz wohldosiert und erfolgt nach einer entsprechenden Pause (Regeneration) erneut (die Regelmäßigkeit des Trainings), passt sich der Körper dem Reiz an und entwickelt sich.

Es ist also ein sehr wichtiges Zusammenspiel von Belastung und Entlastung. Oder, anders ausgedrückt, ein wichtiges Zusammenspiel der katabolen Phase und der anabolen Phase.

Katabole Phase: In dieser Phase wirkt die Belastung (der Reiz) auf den Organismus ein. Dies stellt für den Organismus eine Belastung dar und sein Leistungsausgangsniveau baut ab in Richtung Ermüdung. Dadurch wird der Organismus zur Anpassung aufgefordert.

Anabole Phase: Diese findet während der Regeneration statt. Während der Reiz in der katabolen Phase einwirkt, wird dieser in der anabolen Phase verarbeitet. Also im Erholungszeitraum wird durch die Verarbeitung des Reizes das ursprüngliche Leistungsausgangsniveau wiederhergestellt und ein kleiner Leistungsniveauzugewinn wird generiert.

Wie schon beschrieben, haben noch andere Faktoren, wie Ernährung, Trinkverhalten, Schlafqualität, großen Einfluss auf diese Phase!

Wenn jetzt die nächste Reizsetzung am höchsten Punkt des Leistungsniveauzugewinns gesetzt wird, dann beginnen wir also von einem höheren Leistungsausgangsniveau als vorher. Das ist die *Superkompensation*. Und dadurch entwickeln wir unsere Leistung.

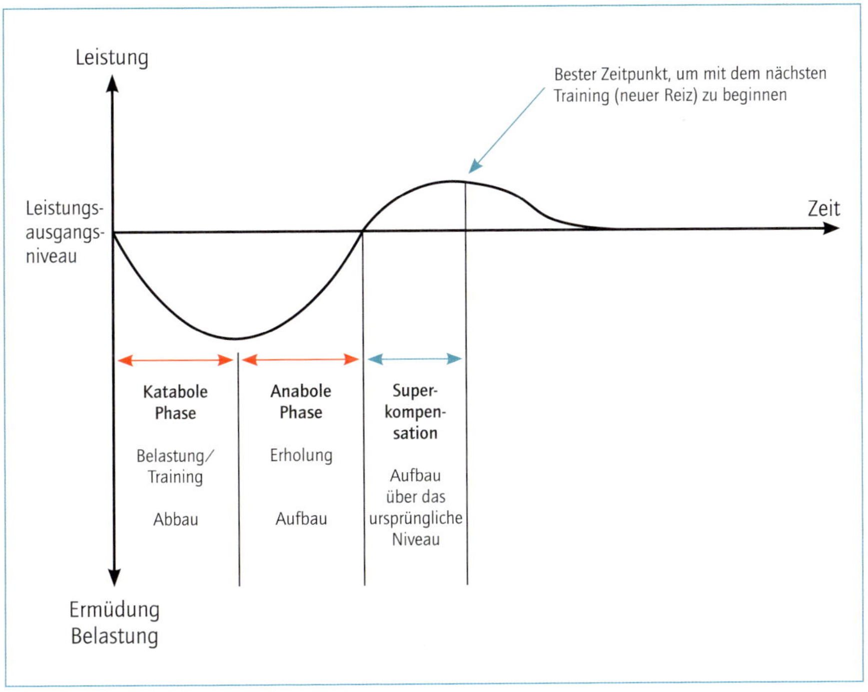

Abb. 2: Modell der Superkompensation

1.6 BEI WEM BEACHTET?

Wenn Sie nun einen Blick auf Abb. 1 sowie auf Abb. 2 werfen, was denken Sie, wie viele ambitionierte Sportler halten sich daran? Wenn Ihnen nun der Läufer mit dem belastungsverzerrten Gesichtsausdruck begegnet, wie hoch ist die Wahrscheinlichkeit, dass die dargestellten Parameter bei demjenigen passen?

1.7 BESSER UNTERTRAINIERT ALS ÜBERTRAINIERT

Viele Läufer wollen zu schnell viel zu viel und sind sich nicht bewusst, dass sie sich weder in vernünftigen Parameter bewegen noch etwas Gutes für sich tun. „No Pain – No Gain" ist, wie gesagt, für die meisten Läufer pures Gift und wenn man sich dabei nicht an einen kleinen (aber so wichtigen!) Teil von Trainingslehre hält, ist dies gleichzusetzen mit Raubbau am eigenen Körper!

Das Resultat sind oft Verletzungspausen oder Überlastungsgefühle. Beides führt zu Zwangspausen und raubt dem Läufer nicht nur seinen Sport, sondern wirft ihn in seinem Leistungsvermögen zurück.

Wenn man dann noch in Betracht zieht, dass der Laufkörper auch noch einer langen Anpassungszeit an die Laufbewegung selbst unterliegt und diese ebenfalls von vielen Läufern (zusätzlich) ignoriert wird (teilweise aus Unwissenheit), ergibt sich für Sie, lieber Leser, eine sehr interessante Quintessenz, die da lautet:

„Weniger ist mehr!"

Wenn Sie nun diese Aussage im Zusammenhang mit Ihrer Leistungssteigerung widersprüchlich finden, dann lesen Sie bitte dieses kleine Kapitel noch einmal.

1.8 DIE ANWENDUNG DER „TRAININGSSTEUERUNG"

Der Kernpunkt dieses Buchs ist, dass Ihnen, lieber Leser, das Laufen Spaß macht und die Trainingsprogramme den Spaß nicht nur intensivieren, sondern „ganz nebenbei" Ihre Laufleistung sich steigert und Sie einen muskulösen (Lauf-)Körper entwickeln. Das wichtige „Nach-Lust-und-Laune-laufen-Wollen" bleibt komplett erhalten.

Mit der Trainingssteuerung haben Sie nicht nur die Grundtechnik der Steuerung Ihres Trainings erlangt, sondern haben bereits einen kleinen Überblick erhalten, wie sich die Dosierung eines Reizes auf die Regenerationszeit auswirkt. Im Bezug auf Ihr Laufen wurde klar, dass *„No Pain – No Gain"* hier keine gute Option ist und dass Sie unter dem Strich mit dem Motto *„weniger ist mehr!"* tatsächlich einen besseren Schnitt in Ihrer Leistungsentwicklung hinlegen.

Gerade als Laufanfänger ist man mit diesem Motto gut beraten, da dabei auch die Anpassung des Körpers nicht negativ (durch ständiges Überlasten) gestört wird.

Die Handhabung dieses Programms ist denkbar einfach. Laufen Sie weiter nach Lust und Laune (am besten mehr als „nur" einmal in der Woche) und beachten Sie die Erholungszeiten. Fühlen Sie immer in sich herein und spüren Sie die Freude und das gute Gefühl, welches Ihnen das Laufen und die Zeit danach bereitet. Sollte diese Freude mal nicht zu spüren sein, dann überprüfen Sie Ihre Laufwoche anhand von Abb. 1 und/oder machen einfach eine Pause.

STEUERUNG DES TRAININGSPROGRAMMS

In dieser grünen Box werden Sie bei jedem Programm/Baustein wichtige Hinweise an sich und Hinweise zur Steuerung erhalten.

» *Wie kann ich dieses Programm sinnvoll steuern?*

» *Wie kann ich dieses Programm auch als „neue" Trainingsmethode losgelöst vom Laufen nutzen?*

» *Wie kann ich dieses Programm in mein Laufen integrieren?*

» *Wie kann ich dieses Programm steuern, wenn ich auch andere Übungen integrieren möchte?*

Bei all diesen Empfehlungen wird natürlich das Wissen bezüglich der Trainingslehre berücksichtigt. Bei diesen Empfehlungen brauchen Sie sich also nicht um die Superkompensation oder um die Regenerationszeiten zu kümmern, diese sind bereits in die Empfehlungen integriert.

Somit wird zum Beispiel bei den Empfehlungen zur Kräftigung der Muskulatur diese grob und einfach getrennt in Oberkörper, Rumpf und Beine. Das macht es Ihnen leichter, die Bereiche zu trennen in Bezug auf die Regenerationszeiten.

1.9 DIE GESCHICHTE, DIE IHNEN (NIE MEHR!) PASSIERT!

Langsam kriecht der Schmerz die Schienbeinaußenkante hinauf. „Noch erträglich", denkt sich der Läufer und läuft unvermindert das für ihn viel zu hohe Tempo weiter. „Ja, die Intervalleinheiten waren echt brutal gestern!", freut er sich. Mit einem Blick auf die Uhr erhöht er weiter sein Tempo. „Was sein muss, muss sein", denkt er bei sich und ruft sich seinen Lauftrainingsplan in Erinnerung.

Seinen Lauftrainingsplan hat er sich im Internet besorgt. Da sind ja so viele Läufer, die sich auskennen. Seine Lunge fängt an zu brennen und fühlt sich an, als würde ein Kieslaster auf seinen Bronchien den Kies abladen.

„Ich kann nicht mehr!", gesteht er sich ein. Endlich verlangsamt er das Tempo und bleibt schließlich stehen. Erschöpft beugt er sich nach vorn, um Luft zu kriegen, und reibt sich die Schienbeine, die nun ebenfalls wie Feuer brennen. Der Schweiß tropft in Strömen von seiner Stirn und um seine Laufschuhe bilden sich kleine Pfützen . . .

Lieber Leser, Sie denken, diese kleine Darstellung eines Hobbyläufers sei eine absolute Ausnahme? Nein, da muss ich Sie enttäuschen.

Analysieren Sie doch bitte einmal diese Geschichte mit dem Wissen aus diesem Kapitel.

- Zu welchem Schluss kommen Sie?
- Kann dieser Läufer sein Laufen lieben und genießen?
- Gestaltet dieser Läufer sein Laufen frei?
- Welche Leistungsentwicklung wird er wohl haben bei solch einer hohen Überlastung?
- Wie finden Sie die Trainingssteuerung des Läufers?
- Wie hoch sieht sein Risiko aus, sich zu verletzen?

Und für mich zusätzlich ganz wichtig:

- Würde er bei diesem Lauftaining die Schönheit der Natur bemerken?

Ich glaube, wir kommen alle zu gleichen Antworten! Dennoch finden wir solche Situationen bei Unmengen von Läufern jeden Tag. „Was nicht tötet, härtet ab!"

Was erscheint Ihnen klüger?

„Was nicht tötet, härtet ab" oder: *„Weniger ist mehr!"*?

Lieber Leser, lassen Sie es bitte nie so weit, wie in der bitteren Beispielgeschichte geschildert, kommen. Dieses Praxisbuch hilft Ihnen dabei, dies mit jedem einzelnen Tool zu verhindern.

Durch die richtige Steuerung der Bewegungsreize nehmen Sie an Leistung zu und Ihr Laufen wird definitiv besser!
Und genau das wird durch die optimale Trainingssteuerung gewährleistet.

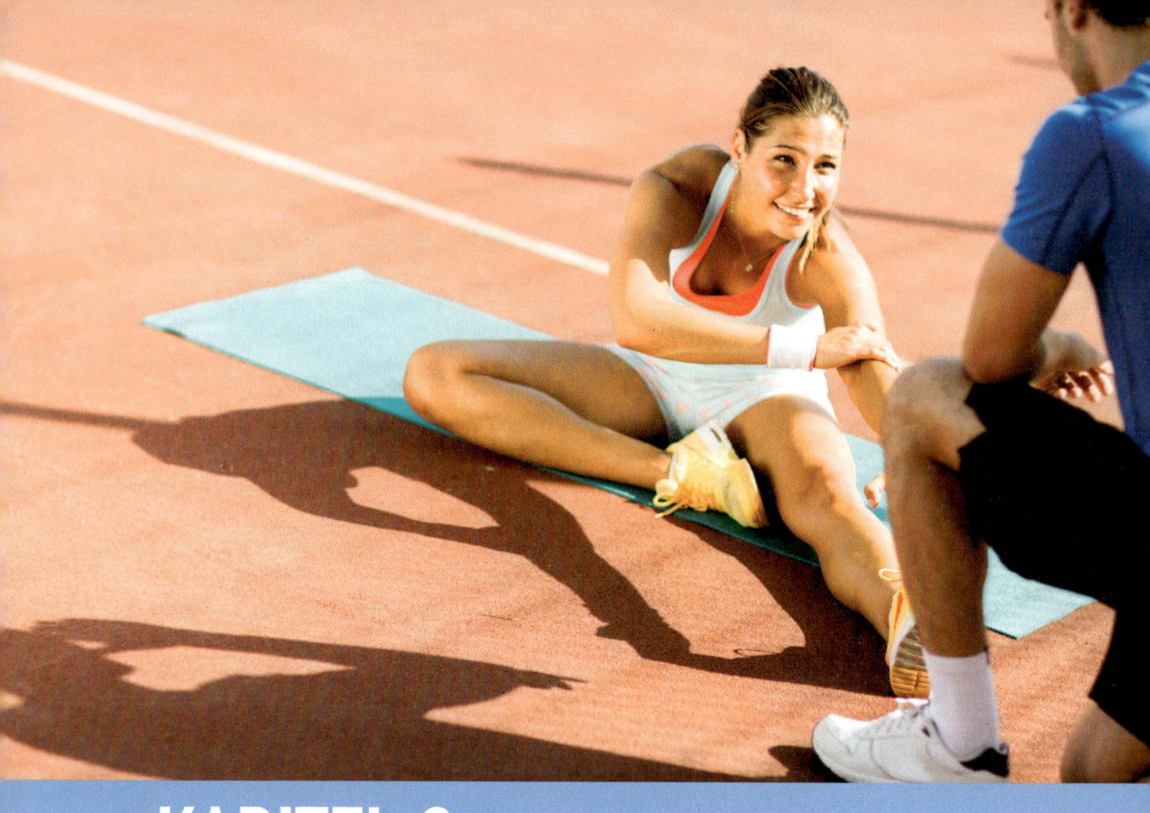

KAPITEL 2

2 „WARM-UP – HIER BEGINNT BEREITS DAS BESSERE LAUFEN"

Um es gleich vorwegzunehmen: Die in diesem Kapitel vorgestellten Übungen wegzulassen, wäre wirklich sehr schade! Denn deren Nutzen ist superb, zumal sie noch nicht einmal sehr zeitintensiv sind!

Für so manchen hat das Aufwärmen bei seinem sportlichen Tun leider keine Daseinsberechtigung. Die Gründe dafür scheinen zu sein:

- verschwendete Zeit (man will doch lieber gleich loslaufen, um das geliebte Laufen sofort in vollen Zügen genießen zu können), oder
- die Unkenntnis, was das Aufwärmen bringen soll (die Unkenntnis verwandeln wir gleich in Kenntnis).

WAS BRINGT IHNEN DIESES PROGRAMM?

Wodurch wird in diesem Kapitel Ihr Laufen/Ihre Laufleistung besser?

» *Sie lernen, zu verstehen, dass das Aufwärmen und die Mobilisierung zum Laufen unverzichtbar ist. Sie werden dadurch geschmeidiger, ökonomischer und nachhaltig verletzungsfreier laufen.*

» *Das Laufen bleibt Ihnen länger erhalten.*

» *Sie lernen die mentale Seite des Aufwärmens kennen, welche Sie noch besser auf Ihr Laufen einstimmt und es genießen lässt.*

» *Sie werden Ihren Körper besser entwickeln und gleichzeitig vor Verletzungen schützen.*

» *Ihre Laufleistung nimmt zu.*

» *Das hier vorgestellte Mobilisierungsprogramm eignet sich hervorragend, um Ihre Gelenkbeweglichkeit zu erhalten oder gar zu verbessern. Dadurch bleiben Sie auch in Ihrem Alltagsleben sehr mobil und fühlen sich nicht eingerostet.*

» *Das hier beschriebene Mobilisierungsprogramm eignet sich hervorragend als Vorbereitung für ein Training jeglicher Art sowie auch als reines Entspannungsprogramm.*

Sie werden durch diesen Baustein nachhaltig einfach besser.

Aber:
Das Aufwärmen (Warm-up) ist aus einem guten Training einfach nicht wegzudenken. Nur wenige Minuten in das (richtige!) Aufwärmen investiert, zahlt Ihnen Ihr Körper dies vielfach positiv zurück. Versprochen!

2.1 IHNEN DAS WARM-UP SCHMACKHAFT MACHEN

Das Aufwärmtraining hat die Aufgabe, Ihren Körper auf die bevorstehende Trainingseinheit vorzubereiten. Dies gilt nicht nur für die Muskeln und Gelenke, sondern auch für viele andere Prozesse, die in Ihrem Körper ablaufen.

Ein Blick durch dieses Kapitel sollte Sie als laufender Leser bereits auf Anhieb überzeugen, das Warm-up und die Mobilisation für sich einzusetzen. Falls Sie nicht auf Anhieb überzeugt sind, empfehle ich Ihnen, dieses Aufwärmen dennoch nicht wegzulassen, um gleich loszulaufen, sondern probieren Sie es doch bitte 1-2-mal aus.

Ohne mich zu weit aus dem Fenster zu lehnen, bin ich davon überzeugt, dass Sie schnell fühlen werden, wie sich Ihr Laufen nach Ihrer Warm-up-Routine tatsächlich noch angenehmer und wesentlich natürlicher anfühlt als vorher und sich verbessert!

Einen Vorschlag einer laufspezifischen Warm-up-Routine finden Sie natürlich am Ende dieses Kapitels. Zudem gibt es für Sie auch noch eine tolle Mobilitäts-Gymnastik-Routine zu entdecken, um Ihre Gelenke zu pflegen und damit Sie „geschmeidig" Ihrer Laufleidenschaft frönen können.

Sie brauchen noch ein paar Argumente, wie sich das Aufwärmen auf Ihren Körper auswirkt und warum genau es sich für Sie lohnt? Na, dann lesen Sie einfach weiter.

Ansonsten springen Sie doch direkt weiter zum Ende dieses Kapitels und genießen Sie das Warm-up und die Mobilisation.

2.1.1 Wie wirkt sich die Warm-up-Routine in Ihrem Körper aus?

Bisher sind Sie es vielleicht gewohnt, „kalt" loszulaufen. Sie kennen vielleicht den Spruch: *„Das kann man machen, muss man aber nicht!"* Dieser Spruch drückt es leider nicht korrekt aus. Hier sollte der Spruch ganz klar lauten: *„Das Warmmachen sollten Sie nicht mehr weglassen! Niemals! Never! No Way!"*

Denn was würden Sie jedes Mal versäumen, wenn Sie das Warm-up schwänzen? (Keine Angst, ich spreche hier nicht von einer Routine, welche Stunden Zeit in Anspruch nimmt, denn wenige Minuten reichen bereits!)

» Die während des Warm-ups moderat bewegten Muskelgruppen werden aktiviert. Das heißt, die bewegten Muskeln werden durchblutet und mit Nährstoffen versorgt. Zudem wird die ausgeführte Bewegung koordinativ eingespielt.

- Die Gelenke erhalten ihre Schmierung (die Produktion der Gelenkflüssigkeit wird angeregt) und Sehnen und Bänder werden geschmeidiger.
- Allein durch diese ersten beiden Punkte entsteht eine Verminderung von Verletzungen!
- Aktivierung des Herz-Kreislauf-Systems. Durch die moderate Bewegung beim Aufwärmen beschleunigt sich der Kreislauf und verteilt mehr Blut in Ihrem Körper. Das Herz-Kreislauf-System gewöhnt sich sanft an die ansteigende Bewegung und erfährt keinen unangenehmen Kickstart, wenn Sie loslaufen.
- Aktivierung der Atmung, da der Sauerstoffbedarf durch die moderate Bewegung ansteigt. Dadurch kann sich auch die Atemmuskulatur auf die folgende „Arbeit" sanft einstellen. Auch hier wäre ein Kickstart nicht sinnvoll.
- Aktivierung des Nervensystems.
- Leichte Erhöhung Ihrer Körpertemperatur auf 39° C. Der Körper heizt hier in den Bereich hoch, wo dieser leistungstechnisch sehr optimal aufgestellt ist.
- Aus dem Sitzen wird ein Stehen. Bei den meisten Menschen wird das Leben durch das Sitzen beherrscht. Sie sitzen beim Essen, bei der Arbeit, vielleicht auch bei Ihren Hobbys. Das heißt für viele, dass Sie wirklich sehr viele Stunden sitzen. Wir sitzen einfach viel zu oft. Selbst im Fitnessstudio, welches ja der gesunden Bewegung dient. Was macht man an den meisten Geräten dort? Sitzen! Aber ich schweife ab, zurück zum Thema. Vielleicht fahren Sie auch mit dem Auto zu Ihrer Laufstrecke. Steigen aus und würden loslaufen. Auch hier schafft das Warm-up die Zeit für einen idealen Übergang zwischen langem Sitzen und (aufrechtem) Laufen!
- Mentales Setting. Auch hierfür stellt das Warm-up eine ideal nutzbare Zeit zur Verfügung: Schaffen Sie sich einen Übergang zwischen Ihrem (stressigen) Alltag und dem geliebten Laufen. Nutzen Sie die (kurze) Zeit während des Warm-ups und machen Sie sich dabei bewusst, dass nicht nur gleich Ihr Lauftraining folgt (Vorfreude), sondern machen Sie sich auch bewusst, dass Sie sich gleich Zeit für sich nehmen (Nur für sich! Welch ein positiver Luxus!). Stimmen Sie sich auf Ihr Laufen während des Warmmachens ein und schaffen Sie sich einen harmonischen Übergang zwischen dem vielleicht negativen Alltag (Stress) und dem Laufen (Natur, Liebe).

2.2 MOBILISIERUNG DER GELENKE

Zugegeben: Muskelkraft zu haben, ist schon eine tolle Sache! Ausdauer zu haben, auch. Beides zusammen zu haben, ist natürlich noch besser! Aber was nutzt das, wenn wir diese beiden Dinge nicht (richtig) bewegen können? Denn unsere Fähigkeit, diese Bewegung auf die Straße bzw. den Waldweg zu bringen, wird limitiert durch die Bewegungsfähigkeit der Gelenke.

Nicht nur beim Laufen, sondern auch im Alltag. Was nutzt es uns, wenn wir zum Beispiel die Ausdauer eines Marathonläufers besitzen, aber jeden Morgen Probleme haben, uns die Socken anzuziehen, weil unsere Hüfte so unbeweglich/steif ist. Fühlt sich nicht gerade cool, nicht wahr?

Je besser sich unsere Gelenke bewegen, desto dynamischer ist unsere Bewegung.

Wenn die Gelenke dann auch noch vor dem Laufen entsprechend bewegt und dadurch geschmiert werden, dann ist dies umso besser!

Nachfolgend habe ich eine Mobilisierungsroutine für den ganzen Körper vorbereitet.

Sie werden im Laufe des Buchs merken, dass das Laufen nicht nur in den Beinen stattfindet, sondern vielmehr ganzheitlich im gesamten Körper. Das heißt, ich benötige zum gesunden, natürlichen und zum leistungsstarken Laufen einen trainierten Körper (diesen bekommen Sie, wenn Sie dem Plan dieses Buchs folgen) und eben nicht nur Laufbeine.

1. Nicken Sie mit dem Kopf nach vorne und nach hinten.

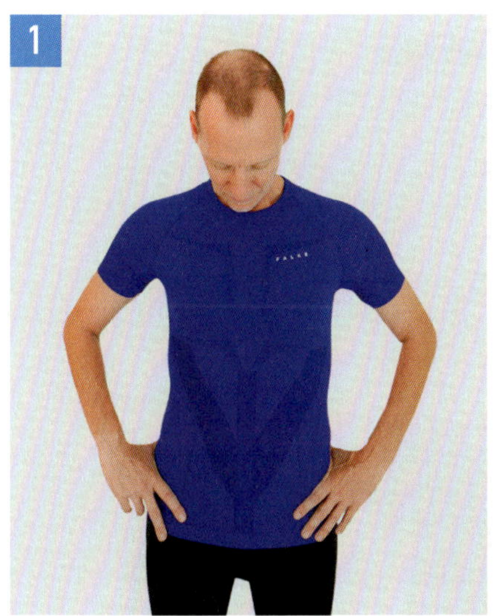

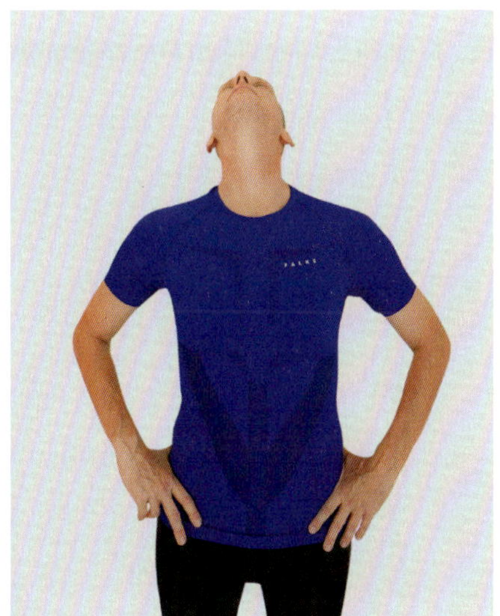

2. Kippen Sie den Kopf auf eine Seite, gehen Sie in die Neutralstellung zurück, und dann den Kopf zur anderen Seite neigen.

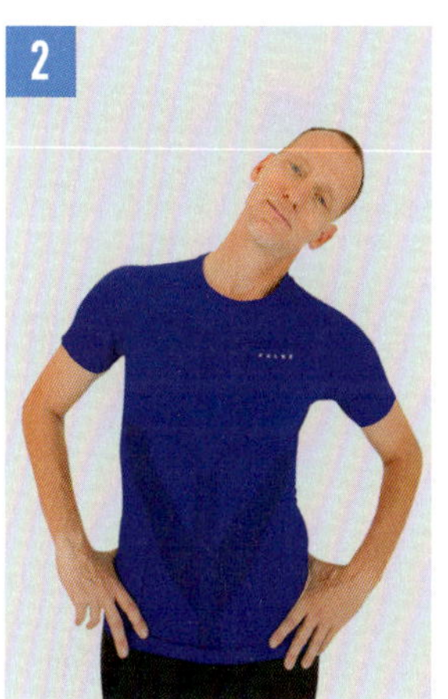

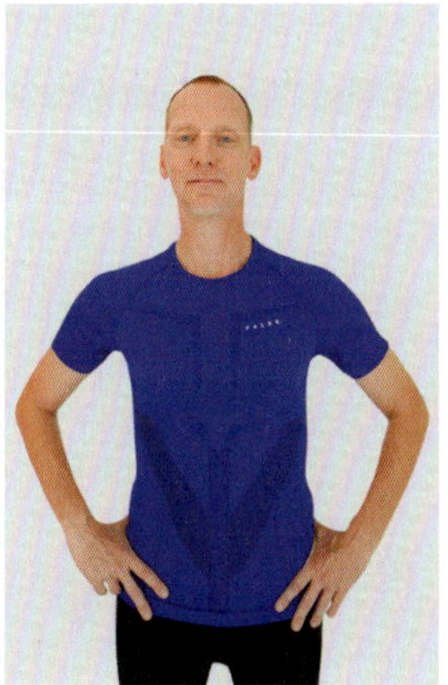

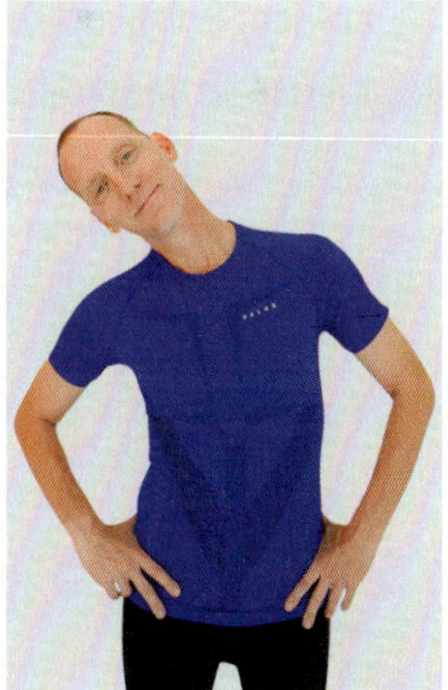

3. **Kreisen Sie den rechten Arm angewinkelt nach vorne.**
4. **Kreisen Sie den rechten Arm ausgestreckt nach vorne.**
5. **Kreisen Sie den linken Arm angewinkelt nach vorne.**

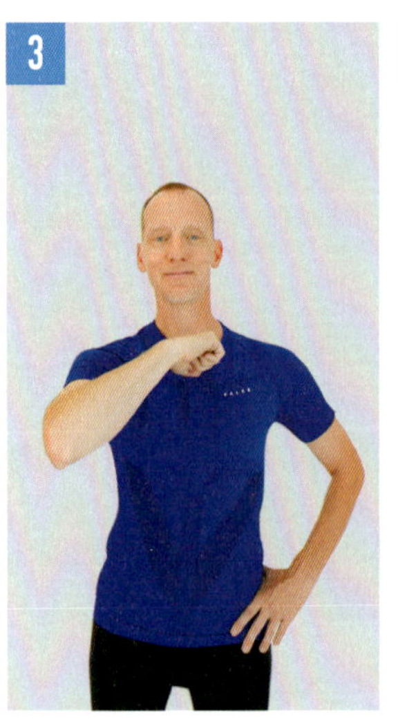

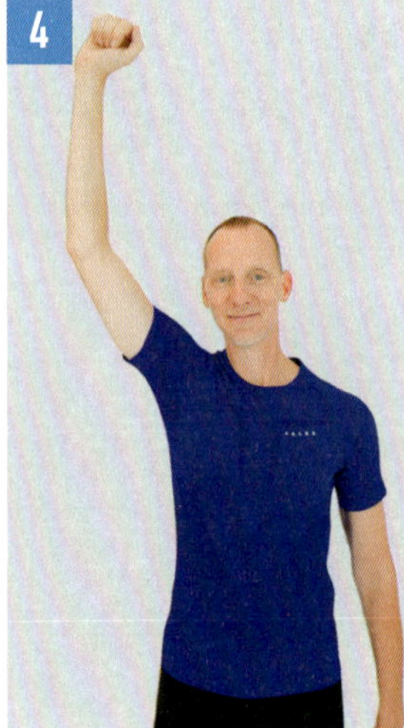

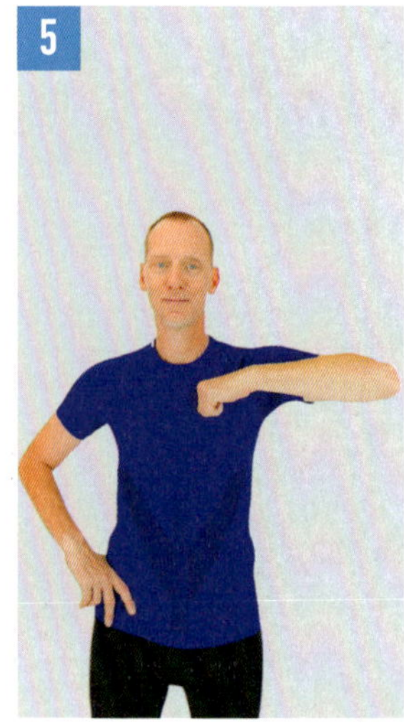

6. **Kreisen Sie den linken Arm ausgestreckt nach vorne.**
7. **Kreisen Sie den rechten Arm angewinkelt nach hinten.**
8. **Kreisen Sie den rechten Arm ausgestreckt nach hinten.**

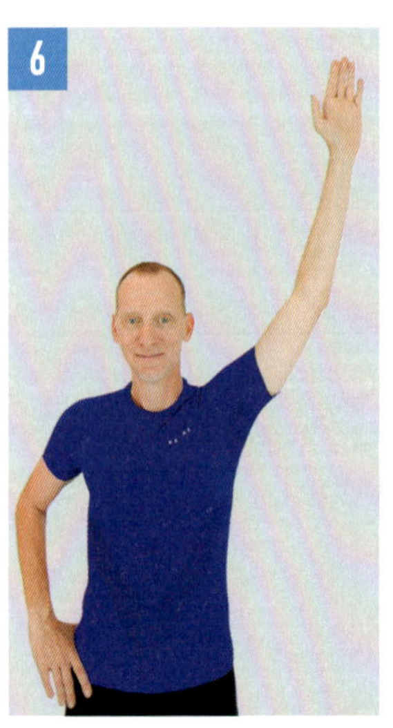

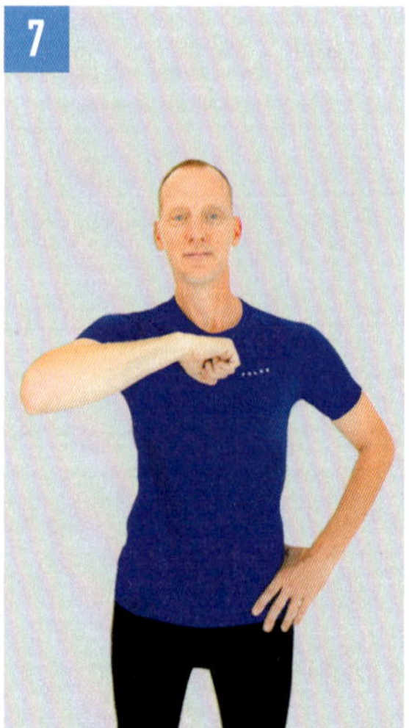

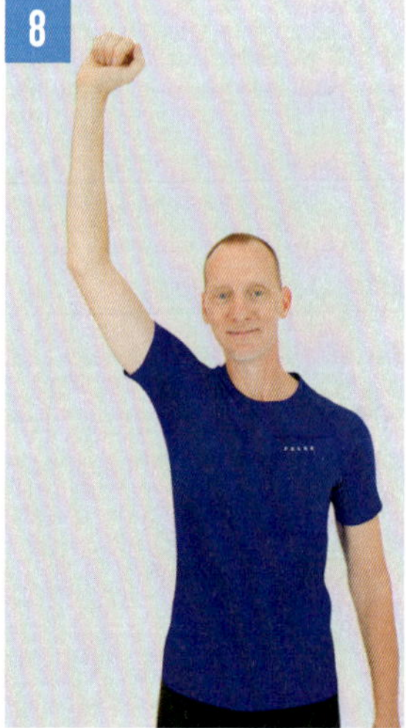

9. **Kreisen Sie den linken Arm angewinkelt nach hinten**
10. **Kreisen Sie den linken Arm ausgestreckt nach hinten**

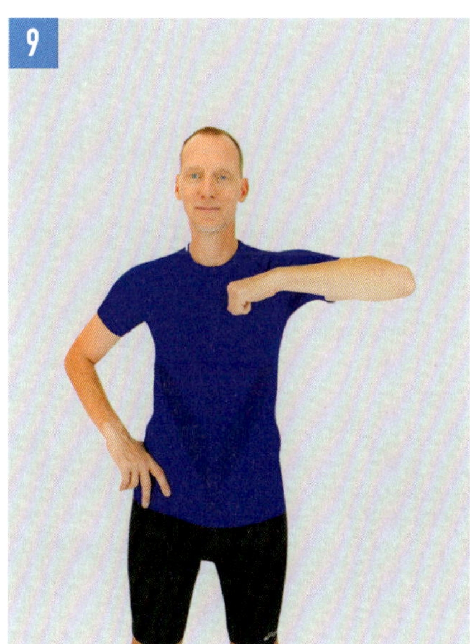

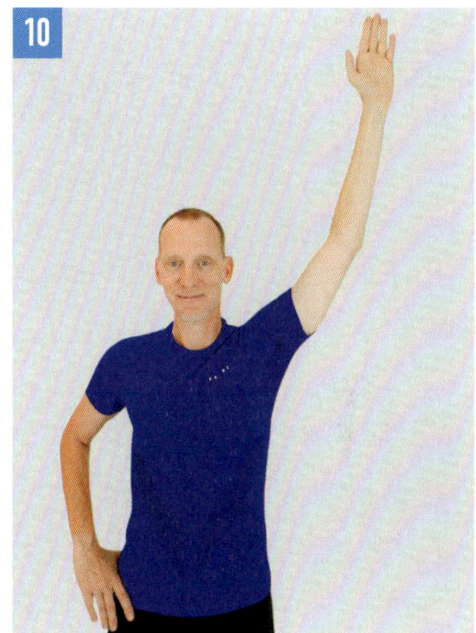

11. **Strecken Sie beide Arme auf Schulterhöhe von Ihnen seitlich weg und verdrehen Sie diese horizontal. Sie können Ihren Oberkörper jeweils zu der nicht verdrehten Schulter hin drehen.**

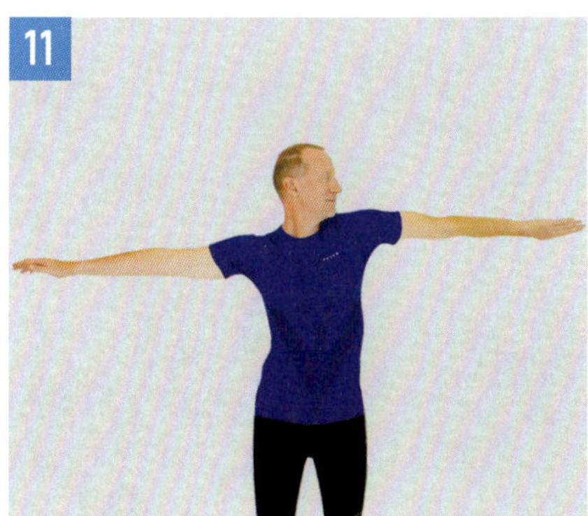

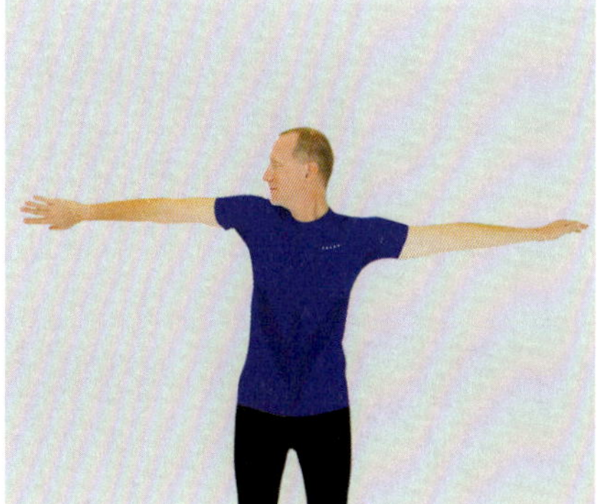

12. Den Rumpf rechtsherum kreisen.
13. Den Rumpf linksherum kreisen.

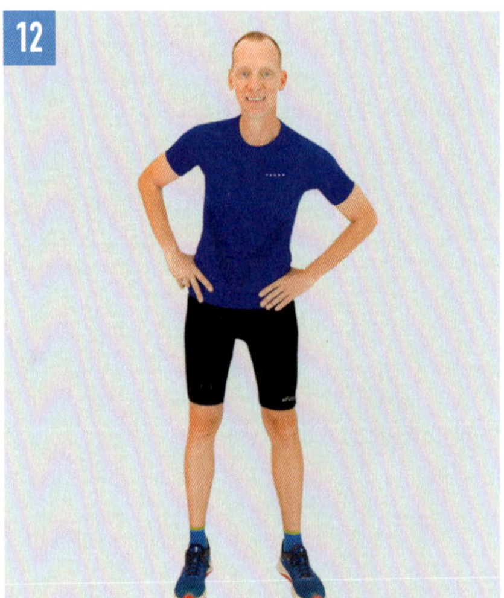

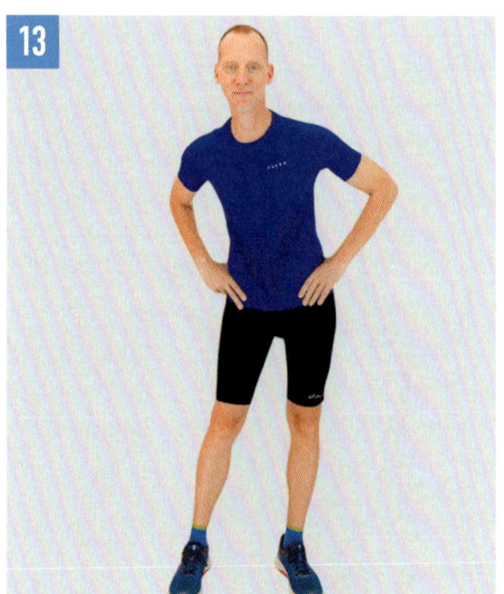

14. Legen Sie Ihre beiden Handflächen auf Ihren unteren Rücken und stützen Sie diesen. Beugen Sie nun Ihren Oberkörper so tief nach vorne, wie Sie können. Bewegen Sie nun Ihren Oberkörper in die Gegenrichtung in die Überstreckung. Dabei stützen Sie Ihre Handflächen in den unteren Rücken.

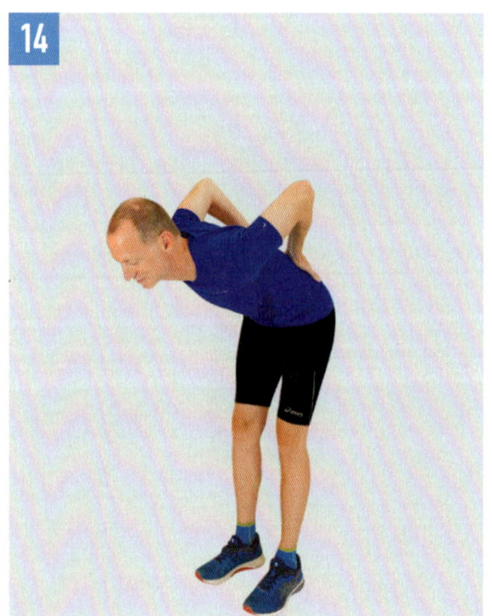

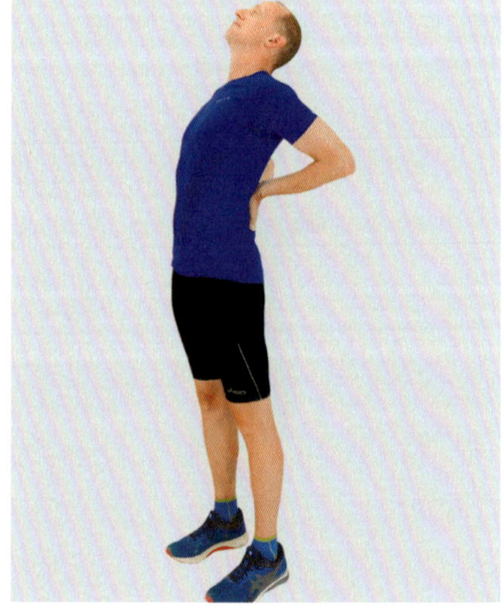

15. Strecken Sie beide Arme nach vorne und legen Sie Ihre Handflächen aufeinander. Ihr Stand ist hüftbreit. Rotieren Sie nun auf eine Seite und drehen Sie sich so weit um, wie Sie können. Der andere Arm bleibt nach vorne ausgestreckt. Drehen Sie sich nun in die Ausgangsposition zurück, bis sich beide Handflächen erneut berühren. Drehen Sie sich, wie gerade beschrieben, in die andere Richtung.

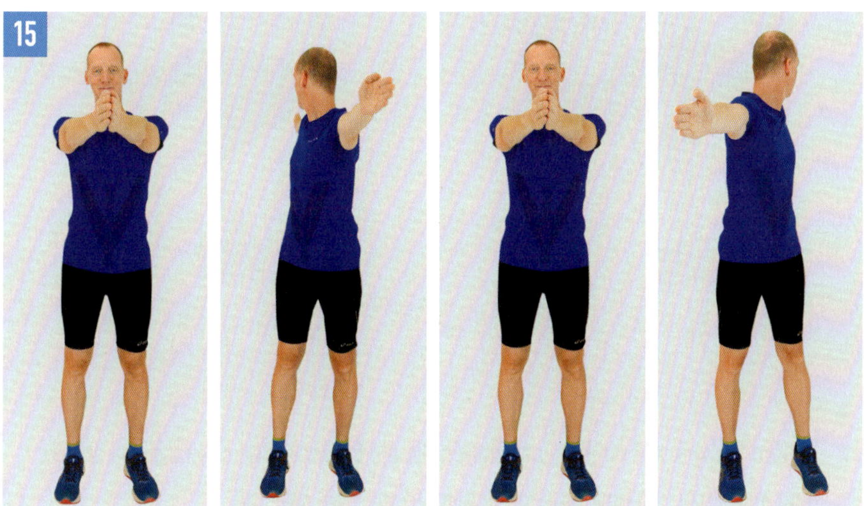

16. Stellen Sie Ihre Beine zusammen und beugen Sie Ihre Knie. Kreisen Sie die Knie rechtsherum.
17. Kreisen Sie die Knie linksherum.

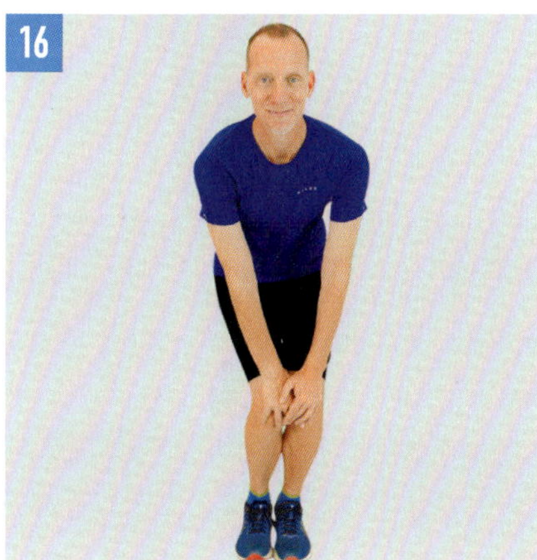

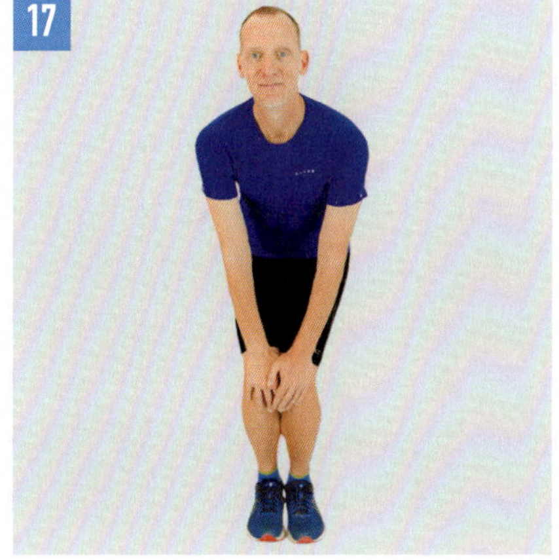

18. **Beugen Sie sich nach vorne und berühren Sie bei gebeugten Knien mit den Fingerspitzen den Boden. Bewegen Sie sich auf und ab.**

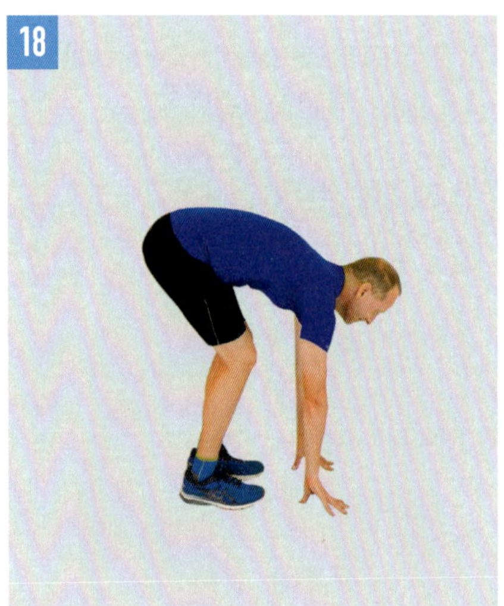

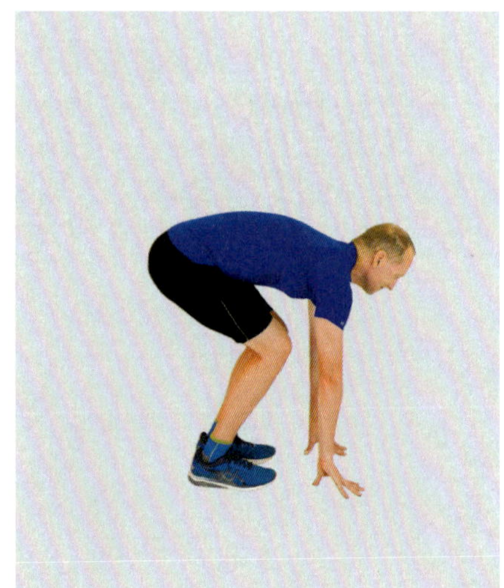

19. **Stellen Sie sich auf ein Bein und halten Sie die Balance. Strecken Sie das andere Bein aus. Strecken und beugen Sie beim freien Bein den Fuß.**

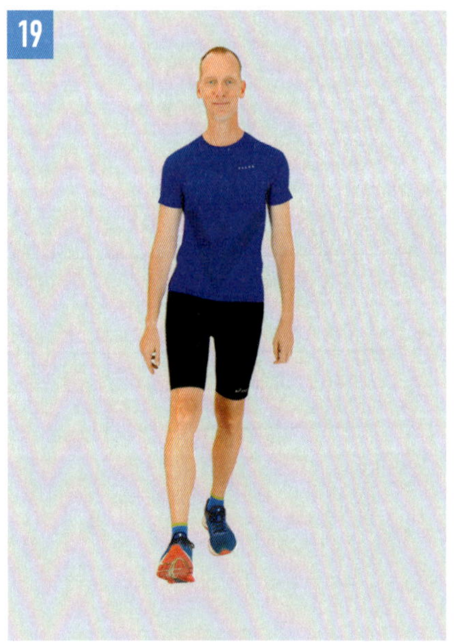

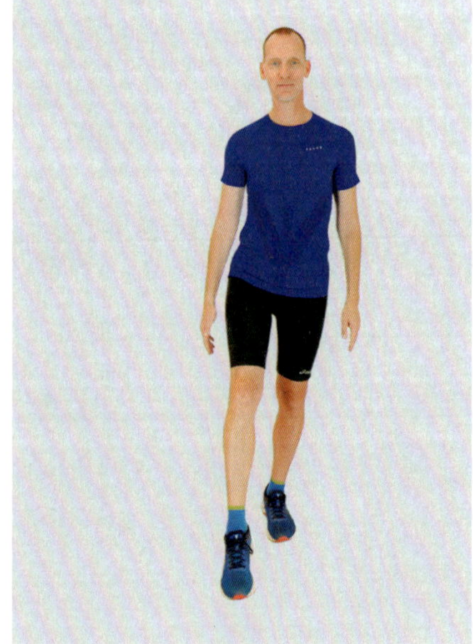

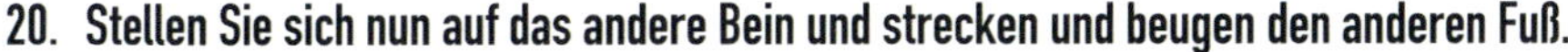

20. Stellen Sie sich nun auf das andere Bein und strecken und beugen den anderen Fuß.

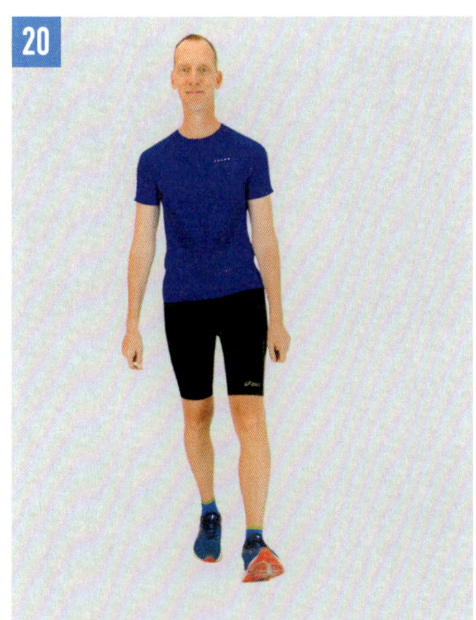

20

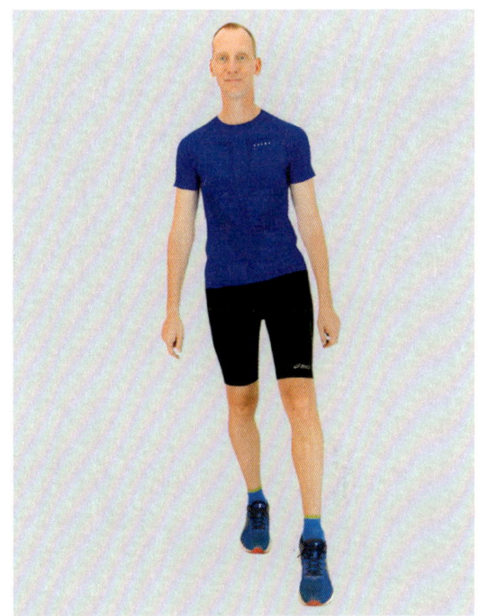

21. Beide Arme an den Körper pressen und die Ellbogen beugen und beide Handgelenke nach innen drehen.
22. Beide Handgelenke nach außen drehen.

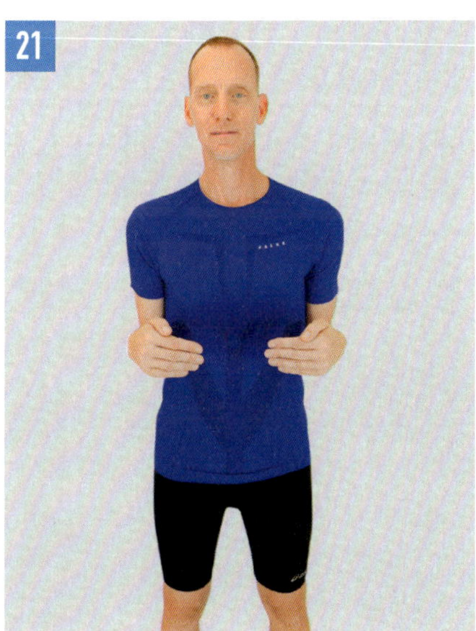

21

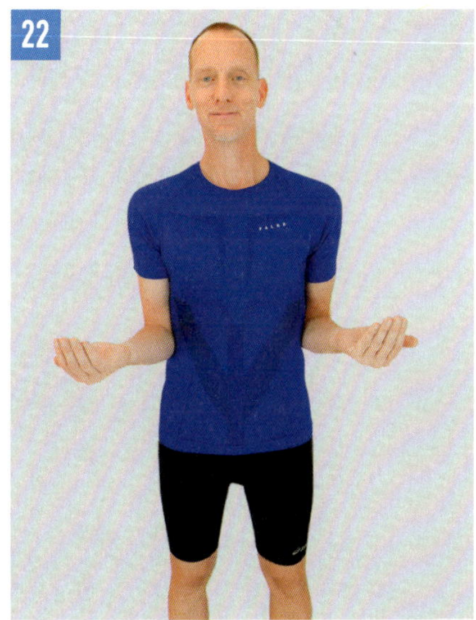

22

23. Beide Handgelenke nach unten und nach oben beugen. Dabei die Hände öffnen und schließen.

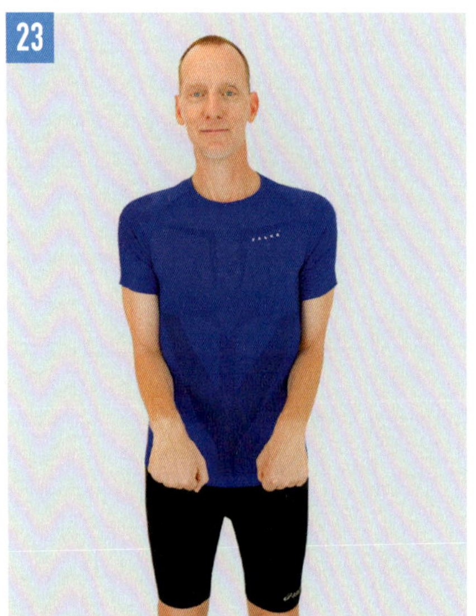

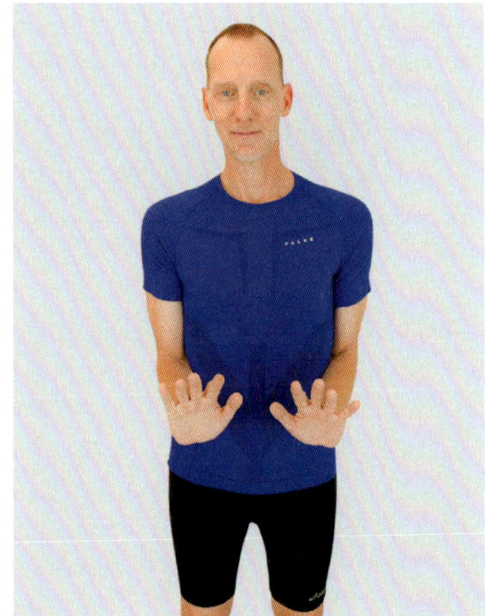

Lauftransfer: *Dynamischer Bewegungsablauf. Dadurch wird Ihr Laufen geschmeidiger, effizienter und ökonomischer!*

Alltagstransfer: *Dynamischer Bewegungsablauf. Sie sind nicht mehr „so eingerostet" in den alltäglichen Bewegungen. Die Bewegungsfähigkeit wird sich verbessern und bleibt erhalten. Und dies in jedem Alter!*

STEUERUNG DES PROGRAMMS

Die Mobilisierung der Gelenke unterliegt keinen Regenerationszeiten. Die Übungen können und sollten Sie ruhig jeden Tag ausführen und müssen diese nicht mit anderen Programmen dieses Buchs abstimmen!

Tipp: *Probieren Sie es doch mal eine Woche lang aus: Jeden Morgen nach dem Aufstehen. Es wird Ihnen gut bekommen!*

2.3 PRAXISBEISPIEL: AUFWÄRMEN FÜR LÄUFER

1. Absolvieren Sie die Mobilitätsroutine der Gelenke (Kap. 2.2).
   Führen Sie diese Bewegungen sanft und mit fließender, nicht ruckhafter Bewegung aus.
   Ich empfehle hier immer die Mobilisierung aller Gelenke. Ansonsten konzentrieren Sie sich auf Hüfte, Knie und Sprunggelenk sowie auf die Gelenke, die Ihnen Bewegungsschwierigkeiten bereiten.
   Freuen Sie sich, bereits während Sie sich mobilisieren, auf das anschließende Laufen. Konzentrieren Sie sich auf Ihren Körper.

2. Walken Sie sich nun langsam ein.
   Zuerst langsam, dann etwas zügiger mit großen Schritten. Bewegen Sie Ihre Arme ruhig so, wie Sie diese auch beim Laufen bewegen würden.
   3-5 Minuten reichen völlig.

3. Optional könnten Sie nun noch dynamische Bewegungen in Ihrem mittleren Belastungsbereich mit einbinden, wie gegangene Ausfallschritte (die genaue Ausführung finden Sie in Kap. 5.4.1).

4. Und los geht es: Viel Spaß beim Laufen!

5. Und wenn Sie schon dabei sind, alles richtig zu machen, dann walken Sie doch nach Ihrem hoffentlich genussvollen (= erfolgreichen) Laufen etwas aus. Laufen Sie bitte nicht direkt zu Ihrem Auto oder zur Haustüre und stoppen Sie dort abrupt ab.

So, wie Sie Ihren Körper durch das Warm-up auf die Belastung des Laufens vorbereitet haben, so bereiten Sie ihn am Schluss Ihrer Lauftour auch auf die Entlastung vor. Wie bei einem Rennpferd nach einem Rennen lassen Sie Ihren Laufkörper langsam auswalken und quasi abkühlen. Walken Sie den letzten Kilometer aus und fahren Sie dadurch Ihren Körper langsam runter.

Lassen Sie Ihre schöne Laufeinheit im Geiste Revue passieren und seien Sie stolz auf sich, dass Sie von nun an nicht mehr zu jenen Läufern gehören, die „nur" laufen gehen und die wertvollen Früchte des Aufwärmens, der Mobilisierung und des Cooldowns für ihren Körper nicht kennen und sie liegen lassen.

ÜBRIGENS

Wenn Sie dieses Praxisbeispiel durchführen, haben Sie bereits die folgenden motorischen Fähigkeiten trainiert:

Kraft, Beweglichkeit, Koordination.

Die beiden verbleibenden Fähigkeiten Ausdauer und Schnelligkeit finden sich sicher im anschließenden Laufen wieder.

Bitte absolvieren Sie das Warm-up jedes Mal, unmittelbar bevor Sie ein Trainingsprogramm aus diesem Buch absolvieren!

Durch die aktive Vorbereitung auf das Laufen wird Ihr Laufen definitiv besser!
Und genau das wird durch das Warm-up gewährleistet.

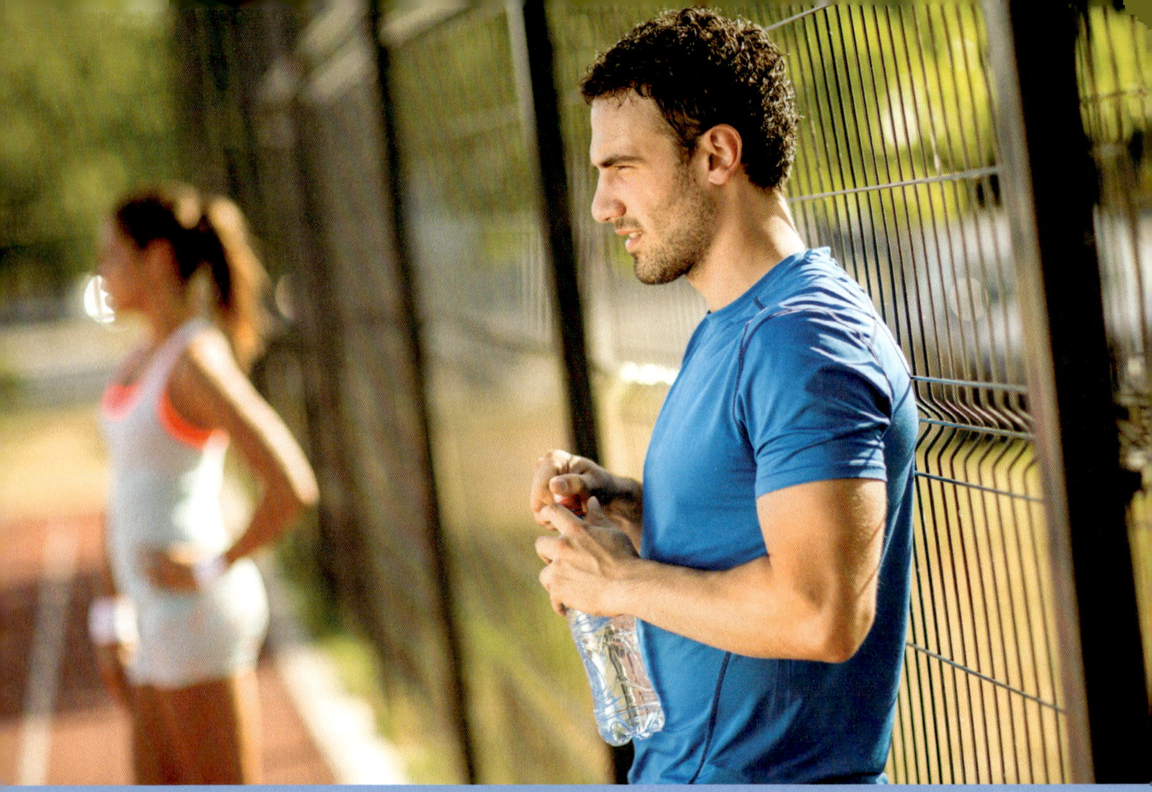

KAPITEL 3

3 ATMUNG! – WICHTIG FÜR BESSERES LAUFEN

Gerade bei Laufanfängern ist die richtige Atmung ein limitierender Faktor. „*Wenn ich doch nur besser atmen könnte, dann könnte ich auch weiter laufen*", hört man öfters gerade die Laufanfänger klagen.

Das heißt, hier ist das Verständnis für die Wichtigkeit des richtigen Atmens in Bezug auf das Laufen (Leistung) von Anfang an vorhanden. Also ein Verständnis, welches man selbst dem Laufanfänger nicht erst beibringen muss. Die Betroffenen merken selbst, dass ihre Atmung einfach zu flach, zu schnell, zu unkontrolliert ist. Dass dadurch eine Limitierung der Leistung entsteht, versteht sich von selbst.

WAS BRINGT IHNEN DIESES PROGRAMM?

Wodurch wird in diesem Kapitel Ihr Laufen/Ihre Laufleistung besser?

- *Hören Sie auf, nach Luft zu schnappen und zu hecheln. Stattdessen praktizieren Sie ein gleichmäßiges und tiefes Atmen. Sie lernen, bewusst zu atmen, um Ihren Körper optimal mit Sauerstoff zu versorgen.*
- *Sie passen Ihre Atmung dem Laufen an.*
- *„Der Atmungsrhythmus, wo ich mit muss ..."*
- *1:3 und ab geht es!*
- *Auch Freestyle pusht!*
- *Sauerstoff ist Leben. Lernen Sie auch, im Alltag durch bewusste Atmung entspannt zu bleiben.*
- *Sie werden durch diesen Baustein nachhaltig einfach besser.*

- Jedoch, wie kann man diese Atmung verbessern?
- Durch Erfahrung?
- Oder gibt es dazu tatsächlich einen Lösungsweg?

Ein starker Drang nach Sauerstoff drückt meist immer Folgendes aus: Die aktuelle Zufuhr von Sauerstoff reicht für die akute Belastung nicht aus! Der Mensch schnappt also nach Luft, um dem Organismus mehr Sauerstoff zur Verfügung zu stellen.

Bevor wir uns aber der richtigen und effektiven Atmung zuwenden, sollte vielleicht vorher noch ein anderer Grund hinterfragt werden:

- Liegt das Schnappen nach Luft vielleicht daran, dass die akute Laufbelastung einfach zu hoch ist?
- Laufe ich gerade zu schnell?
- Oder laufe ich gerade eine Steigung hoch?

Allein das wären zwei Beispiele dafür, das aufgrund der (falschen?!) Dosierung das Verlangen nach Sauerstoff stark erhöht wird.

Das Interessante ist, dass ich auch hier mit „gekonnter" Atmung gut gegensteuern könnte.

Nun, kommen wir also direkt zur spannenden Frage, wie denn die korrekte Atmung aussieht.

3.1 WIE SIEHT DIE KORREKTE ATMUNG AUS?

Einleitend stellen wir uns erst einmal die Frage nach dem *„Wie?"* des Atmens.

Halten Sie jetzt bei der Lektüre dieses Buchs einfach mal inne und atmen Sie tief durch.

Beschreiben Sie nun für sich, wie Sie das gemacht haben.

- Wie genau haben Sie tief durchgeatmet?
- Haben Sie tief eingeatmet?
- Oder tief ausgeatmet?
- Oder beides?
- Haben Sie durch den Mund geatmet oder durch die Nase?

Sie sehen also, selbst ein Vorgang, der so natürlich ist für uns, hat doch diverse Varianten und damit Irritationen. Und dies allein schon im Ruhezustand. Wie ist es erst, wenn auch noch die sportliche Bewegung (Belastung) hinzukommt?

Meine Devise beim Erlernen von Abläufen ist meist die methodische Reihe „vom Leichteren zum Schwereren". Soll heißen, wenn ich auf einem Bein hüpfen lernen will, sollte ich zumindest richtig (auf zwei Beinen) stehen können.

Für die Thematik effektive Atmung während des Laufens sollten Sie zunächst die Atmung im Ruhezustand ohne Bewegung erlernen beziehungsweise praktizieren.

3.1.1 Die bewusste Grundatmung

1. Lehnen Sie sich entspannt zurück und atmen Sie für 60 Sekunden einmal ganz normal, so, wie es Ihr Körper vorgibt.
   Versuchen Sie dabei, durch die Nase zu atmen oder zumindest durch die Nase einzuatmen und durch den Mund auszuatmen. Diese Nasen- oder Nase-Mund-Methode der Atmung sollten Sie in allen weiteren Schritten beibehalten.

2. Nun legen Sie in Ihrem Atmungszyklus (Ein- und Ausatmen) den Fokus auf das Ausatmen. Nehmen Sie diese Phase ganz bewusst wahr.
   Bewusstes Ausatmen und Einatmen, so, wie es Ihr Körper vorgibt.
   Praktizieren Sie dies für 60 Sekunden.

3. Verlängern Sie die bewusstere Ausatmenphase. Atmen Sie bewusst länger aus, als Sie einatmen. Bleiben Sie dabei ruhig und entspannt.
   Praktizieren Sie dies für 60 Sekunden.

Bei diesem Einstieg in die bewusste Atmung legen Sie als den Blickwinkel auf die Ausatmung. Gerade wenn Sie im Stress oder verärgert sind, sind Sie mit dieser Methode sehr gut beraten.

Sie können also das „bewusste Durchatmen" ab jetzt genauso durchführen und Sie werden fühlen, es entspannt Sie mehr, als „nur" tief einzuatmen.

Alltagstransfer: *Tief durchatmen – bevor Sie an die Decke gehen! Mit der gerade praktizierten Übung geht das!*

3.2 ATMUNG IM RHYTHMUS DES LAUFENS

Wie sieht die bewusste Atmung nun beim Laufen aus? Achten Sie auch hier bitte darauf, am besten durch die Nase zu atmen und dass die Atmung nicht mit Gewalt in die gleich vorgeschlagenen Rhythmen gezwungen wird.

1. Atmen Sie beim Beginn des Einwalkens erst ganz ruhig und normal, so, wie es Ihr Körper vorgibt.
2. Wenn Sie beginnen, locker anzulaufen, atmen Sie die „bewusste Grundatmung".
3. Atmen Sie nun zwei Schritte lang ein und zwei Schritte lang aus.
   Praktizieren Sie dies drei Minuten lang.
4. Wechseln Sie nun Ihr Lauftempo in den moderaten Bereich und bleiben Sie bei der Atmung: zwei Schritte lang einatmen und zwei Schritte lang ausatmen.

Wichtig ist, dass Sie dabei bewusst und tief (siehe Grundatmung) atmen. Lauschen Sie auf die Geräusche Ihrer Atmung und Ihres Laufschritts. Nehmen Sie diesen Rhythmus in sich auf und verankern Sie diesen in Ihrem Laufstil.

Anmerkung: Jeder Mensch „tickt" anders – hat also eventuell eine andere innere Uhr und/oder einen anderen Atmungsrhythmus. Wenn Ihnen der Lauf-Atmungs-Rhythmus *„zwei Schritte lang einatmen und zwei Schritte lang ausatmen"* missfällt oder gar widerstrebt, dann halten Sie bitte nicht krampfhaft daran fest.

Probieren Sie doch noch andere Rhythmen aus, wie zum Beispiel: drei Schritte lang einatmen und drei Schritte lang ausatmen, oder vielleicht auch zwei Schritte lang einatmen und drei Schritte lang ausatmen.

Probieren Sie es aus! Es lohnt sich: Der Zugewinn für Ihr Laufen durch Ihre perfekte Atmung ist enorm!

Lauftransfer: *Keine Limitierung Ihrer Lauflänge rein durch die Atmung!*

Alltagstransfer: *Tief durchatmen auch bei hoher Belastung wie Stress und Muskelarbeit!*

3.2.1 Die Atmung losgelöst vom Rhythmus des Laufens

Für die Freigeister und Freestyler, welche sich nicht gerne in ein System stecken lassen, weil es Sie Ihrer persönlichen Freiheit beraubt, gibt es auch eine „Zwischenlösung".

1. Atmen Sie beim Beginn des Einwalkens erst ganz ruhig und normal, so, wie es Ihr Körper vorgibt.

2. Wenn Sie beginnen, locker anzulaufen, atmen Sie ganz normal weiter. Atmen Sie dabei hin und wieder tief durch.

3. Wechseln Sie nun in Ihr Lauftempo, halten Sie Ihre persönliche Atmung bei und achten Sie speziell darauf, immer wieder tief durchzuatmen.

Anmerkung: Bei einigen „Freigeistern" muss beim bewussten Durchatmen der Hauptfokus auf der Ausatmung liegen, bei anderen wiederum auf der Einatmung. Probieren Sie es aus und fühlen Sie, was besser zu Ihnen passt.

Wichtig ist: Atmen Sie immer ruhig und niemals so, dass es Ihnen widerstrebt.

3.2.2 Die Atmung beim Krafttraining

Beim Kräftigungstraining gibt es ebenfalls einen Atmungsrhythmus. Diese Technik sollten Sie einsetzen, wenn Sie in diesem Buch das Krafttraining absolvieren, um einen ganzheitlichen Körper aufzubauen.

Im Grunde ist die Atmung sehr einfach. Immer, wenn die Belastung einer Kräftigungsübung kommt, atmen Sie aus, und wenn die Entlastung der Kräftigungsübung kommt, atmen Sie ein.

Am Beispiel eines Liegestützes:
Wenn Sie Ihren Körper zum Boden ablassen, dann atmen Sie ein und wenn Sie sich wieder hochdrücken (dies ist der Hauptbelastungsabschnitt), dann atmen Sie aus.

Am Beispiel einer Kniebeuge:
Wenn Sie die Knie beugen, dann atmen Sie ein und wenn Sie die Beine wieder in die Streckung bringen (dies ist der Hauptbelastungsabschnitt), dann atmen Sie aus.

***Alltagstransfer:** Ausatmung bei hoher Belastung wie Stress und Muskelarbeit!*

STEUERUNG DER ATMUNG

Auch dieses Programm können Sie gerne bei jedem Laufen einsetzen.

Es unterliegt keinerlei Regenerationszeiten.

Bei den Kräftigungsübungen wenden Sie bitte die Atmung beim Krafttraining (Kap. 3.2.2) an.

Durch eine verbesserte und synchronisierte Atmung wird Ihr Laufen definitiv besser!

Und genau das wird durch das richtige Atmen gewährleistet.

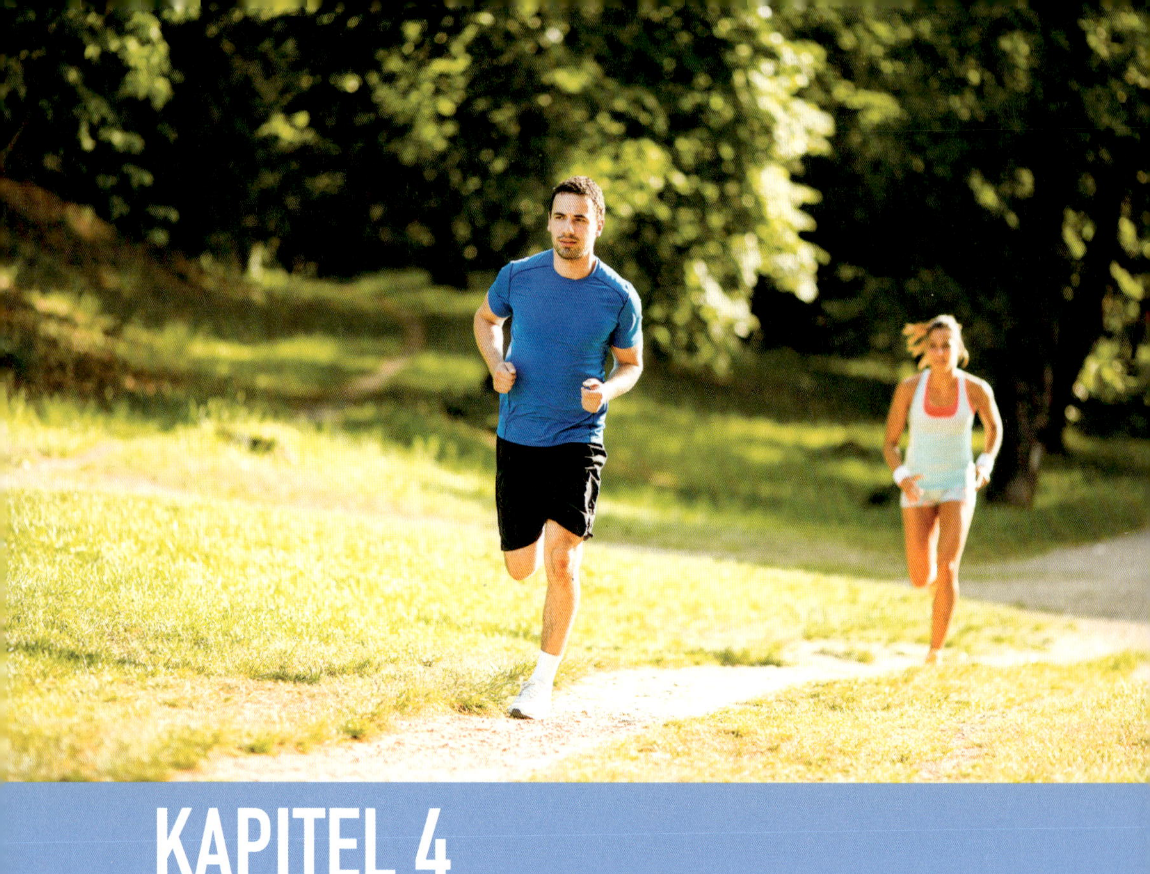

KAPITEL 4

4 KRÄFTIGUNGSÜBUNGEN FÜR DEN RUMPF – DAS ZENTRUM DES BESSEREN LAUFENS

Für den Begriff *Rumpf* gibt es auch andere Bezeichnungen: *Core* (Kern) oder *Power House* (im Sinne vom Kraftzentrum). Was mir an diesen beiden Begrifflichkeiten so gut gefällt, ist, dass diese beiden Bezeichnungen allein vom Begriff her bereits etwas mit Stärke assoziieren. Core = Kern = fest/stabil.

Und genau das sollte unser Rumpf sein: Stark, fest, stabil!

WAS BRINGEN IHNEN DIESE ÜBUNGEN?

Wodurch wird in diesem Kapitel Ihr Laufen/Ihre Laufleistung besser?

» *Das Zentrum Ihres Körpers wird stabilisiert.*

» *Ökonomisches und effizientes Laufen wird ermöglicht.*

» *Sie werden durch dieses Programm nachhaltig einfach besser.*

» *Weg von der sitzenden Haltung zum längeren Laufschritt.*

» *Aufrecht durchs Leben gehen.*

» *Sie werden durch diesen Baustein nachhaltig einfach besser!*

Der Grund: Der Rumpf und die Wirbelsäule sind für unsere aufrechte Körperhaltung zuständig. Und da wir nicht nur aufrecht gehen wollen, sondern auch laufen, benötigen wir einen stabilen Rumpf.

Sehr gerne werden unsere Gliedmaßen in diesem Zusammenhang als Pendel bezeichnet, welche am Rumpf befestigt sind. Wenn unser Rumpf stabil ist, schwingen diese Pendel effektiv, effizient und sauber nach vorne und zurück. Ist der Rumpf hingegen instabil, dann wird auch der Bewegungsablauf der Pendel instabil und ineffektiv.

Da wir nun mit diesem „Pendel" unser Laufen gesund, ökonomisch und effizient gestalten wollen, ist also ein stabiler Rumpf unabdingbar!

Ein stabiler Rumpf sorgt für einen besseren Laufstil sowie für eine bessere Lauftechnik.

ZUSAMMENGEFASST HEISST DAS ALSO:

Wird mein Rumpf stabiler, dann wird auch meine Laufleistung besser: leichter, weiter, schneller.

4.1 DIE „RUMPF-ROLLKUR"

Da Sie die Rumpfstärkung in der „aufrechten Körperhaltung" verinnerlichen sollten, möchte ich Ihnen gerne ein Rumpfprogramm vorstellen, wobei der Rumpf gestreckt bleibt.

Absolvieren Sie diese Übungen in der nachfolgenden Reihenfolge.

4.1.1 Der Unterarmstütz

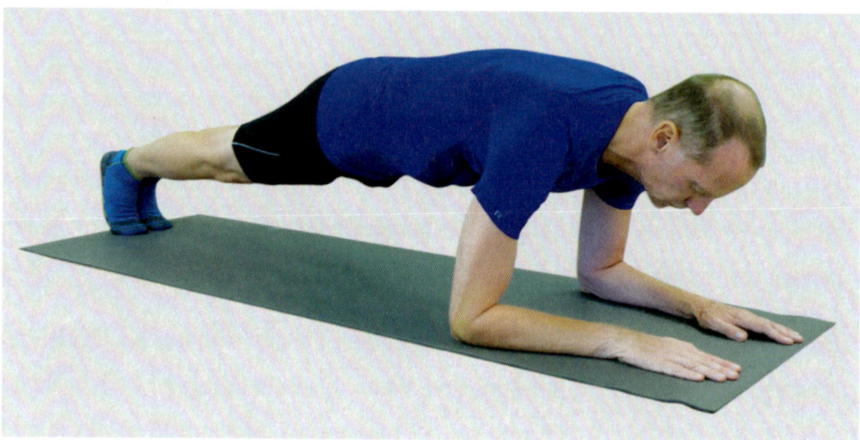

Ausgangsposition:
Legen Sie sich bäuchlings auf eine Matte. Die Beine liegen parallel zusammen. Platzieren Sie Ihre Ellbogen unter Ihren Schultern, die Unterseite Ihrer Unterarme und die Handflächen zeigen zur Matte. Stellen Sie sich nun hinten auf die Fußspitzen, spannen Sie Ihren Bauch konstant an und heben Sie Ihr Becken nach oben an. Somit bildet Ihr Rücken eine gerade Linie. Ihren Kopf halten Sie in der Verlängerung Ihrer Wirbelsäule.

Übungsbeschreibung:
Halten Sie diese Position, so lange Sie können. Achten Sie darauf, dass der Bauch konstant angespannt bleibt und Ihr Becken nicht abkippt und Sie somit nicht ins Hohlkreuz geraten. Atmen Sie tief und ruhig.

4.1.2 Der Seitstütz auf der linken Seite

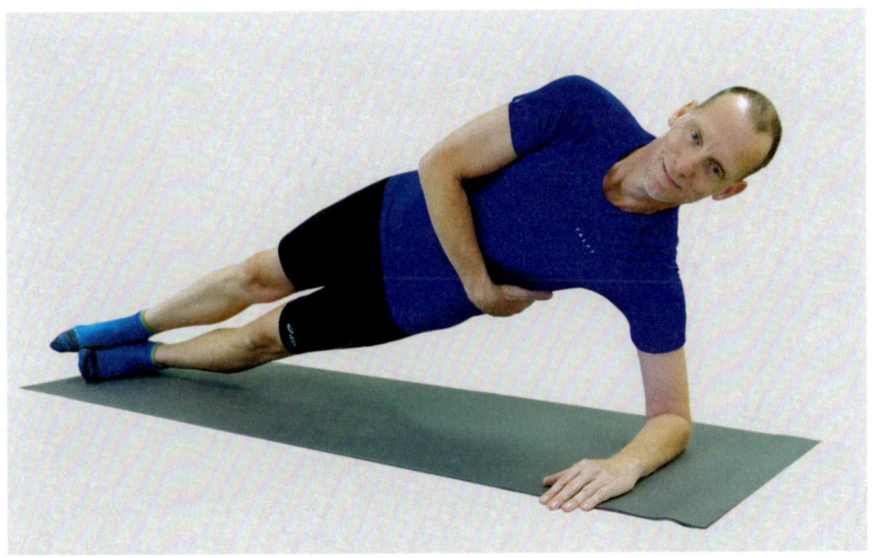

Ausgangsposition:

Drehen Sie sich im Uhrzeigersinn auf Ihre linke Seite. Ihre Beine liegen aufeinander. Platzieren Sie Ihren Ellbogen unter Ihre Schulter, die Unterseite Ihres Unterarms und Ihre Handfläche zeigen zur Matte.

Übungsbeschreibung:

Spannen Sie nun Ihren Bauch konstant an und heben Sie Ihr Becken an. Ihren Kopf halten Sie in der Verlängerung Ihrer Wirbelsäule. Ihr Körper bildet eine gerade Linie. Achten Sie darauf, dass Sie seitlich wirklich eine gerade Position eingenommen haben und dass Sie weder nach vorne noch nach hinten neigen. Halten Sie diese Position so lange Sie können und atmen Sie tief und ruhig.

4.1.3 Der Rückstütz

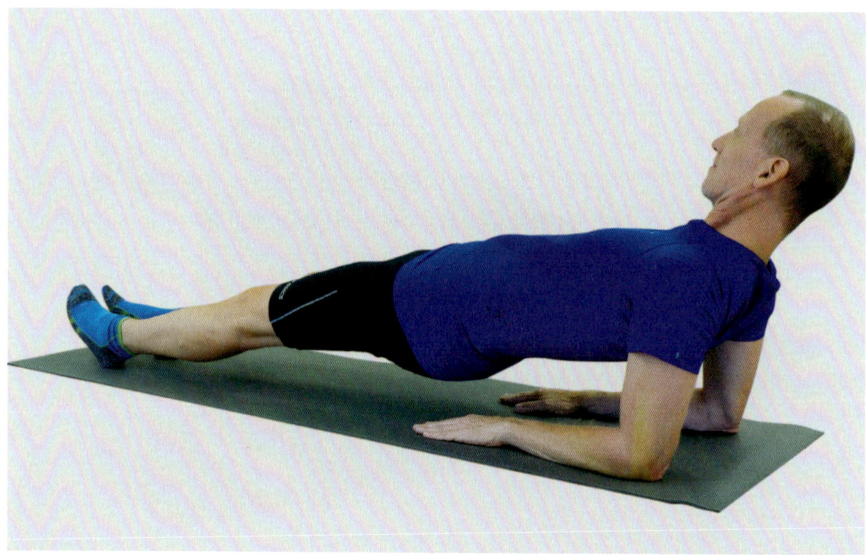

Ausgangsposition:

Drehen Sie sich nun im Uhrzeigersinn weiter auf den Rücken. Die Beine liegen parallel zusammen. Platzieren Sie Ihre Ellbogen unter Ihren Schultern, die Unterseite Ihrer Unterarme und die Handflächen zeigen zur Matte.

Übungsbeschreibung:

Stellen Sie sich nun auf die Fersen, spannen Sie Ihren Bauch konstant an und heben Sie Ihr Becken nach oben an. Somit bildet Ihr Rücken eine gerade Linie. Ihren Kopf halten Sie in der Verlängerung Ihrer Wirbelsäule. Halten Sie diese Position so lange Sie können. Achten Sie darauf, dass der Bauch konstant angespannt bleibt und Ihr Becken nicht ins Hohlkreuz abkippt. Atmen Sie tief und ruhig.

4.1.4 Der Seitstütz auf der rechten Seite

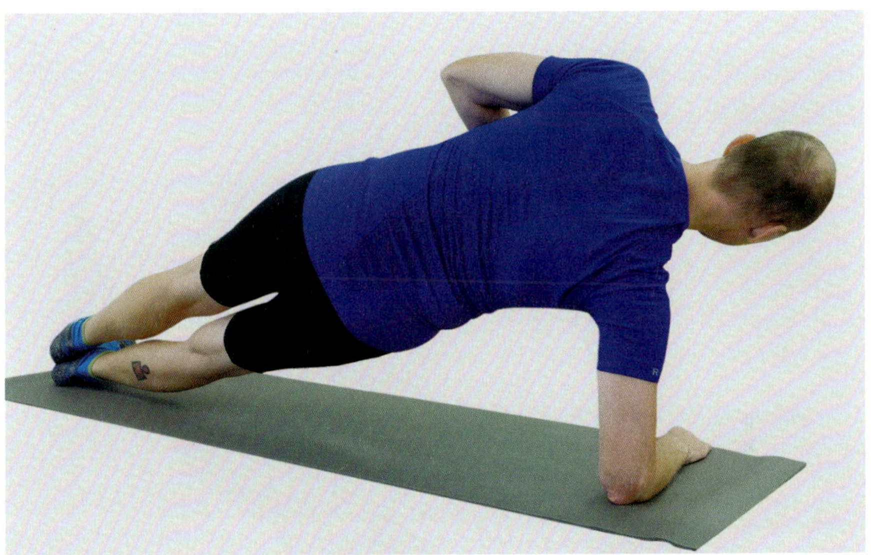

Ausgangsposition:

Drehen Sie sich im Uhrzeigersinn auf Ihre rechte Seite. Ihre Beine liegen aufeinander. Platzieren Sie Ihren Ellbogen unter Ihre Schulter, die Unterseite Ihres Unterarms und Ihre Handfläche zeigen zur Matte.

Übungsbeschreibung:

Spannen Sie nun Ihren Bauch konstant an und heben Sie Ihr Becken an. Ihren Kopf halten Sie in der Verlängerung Ihrer Wirbelsäule. Ihr Körper bildet eine gerade Linie. Achten Sie darauf, dass Sie seitlich wirklich eine gerade Position eingenommen haben und dass Sie weder nach vorne noch nach hinten neigen. Halten Sie diese Position so lange Sie können und atmen Sie tief und ruhig.

4.1.5 Hollow Body

Auch wenn diese Übung kein Bestandteil des obigen Programms ist, möchte ich diese dennoch mit einbeziehen, da sie genau in dieselbe wertvolle Richtung wirkt: die Rumpfspannung in der Körperstreckung.

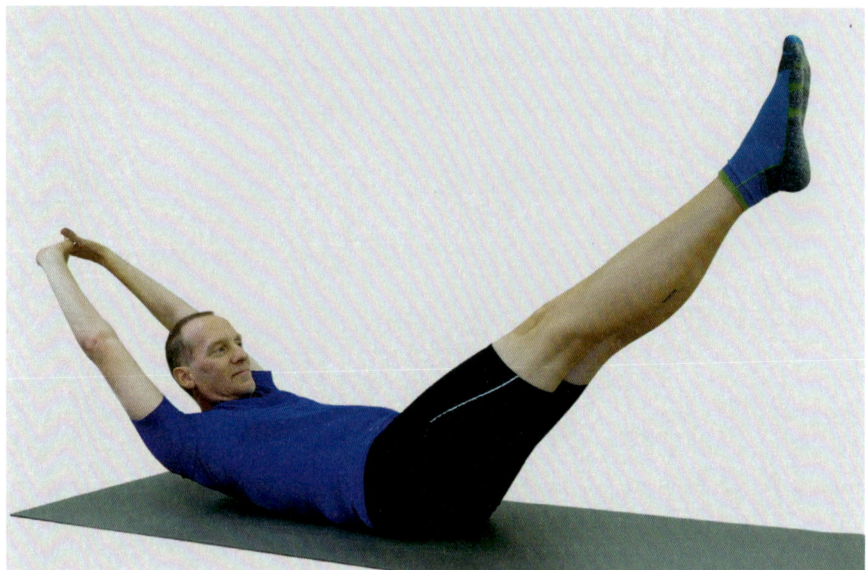

Ausgangsposition:
Legen Sie sich längs auf den Rücken und strecken Sie Ihre Arme nach hinten.

Übungsbeschreibung:
Spannen Sie nun Ihren Po und Ihren Bauch an und heben Sie Ihre sich berührenden Beine. Heben Sie nun auch Ihren Oberkörper an. Ihr unterer Rücken muss komplett auf dem Boden sein. Halten Sie diese komplette Spannung so lange Sie können und atmen Sie dabei ruhig weiter.

Die Übungen der „Rumpf-Rollkur" können Sie gerne hintereinander weg als Runde absolvieren oder gerne auch als Einzelübungen mit Pausen dazwischen.

Diese Übungen sind allesamt statische Übungen. Das heißt, Sie nehmen die jeweilige Position ein und halten Sie diese so lange, wie Sie diese sauber halten können. Dann machen Sie entweder eine kleine Pause oder wechseln direkt zur nächsten Übung.

Diese Art von Kräftigung benötigt Regenerationszeit, also planen Sie dieses Programm nicht jeden Tag ein. In unseren Beispiel-Wochentrainingsplan ist es folgendermaßen eingeplant:

Montag: ***Rumpf***

Dienstag: Oberkörper

Mittwoch: Beine

Donnerstag: ***Rumpf***

Freitag: Oberkörper

Samstag: Beine/Lauf-ABC

Sonntag: frei!

Lauftransfer: *Idealer stabiler Rumpf für effektive Pendel!*

Alltagstransfer: *Tolle, aufrechte Körperhaltung!*

4.2 RUMPFTRAINING WÄHREND DES LAUFENS

All jene unter Ihnen, die das Rumpftraining auch im Freien genießen wollen, können die „Rumpf-Rollkur" auf jeder x-beliebigen Wiese ausführen.

Sollten Sie aber Bedenken haben, sich schmutzig zu machen, beziehungsweise die Wiese durch Regen oder Tau nass sein, dann können Sie auch auf folgendes Rumpftraining zurückgreifen. Sie benötigen lediglich nur eine (sichere) Parkbank dafür.

4.2.1 Halber Adler

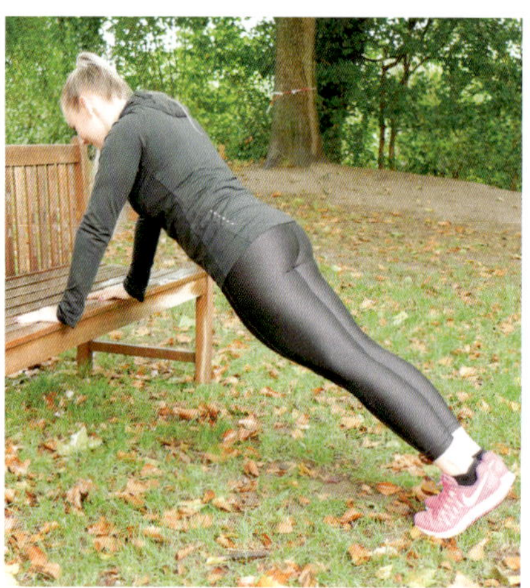

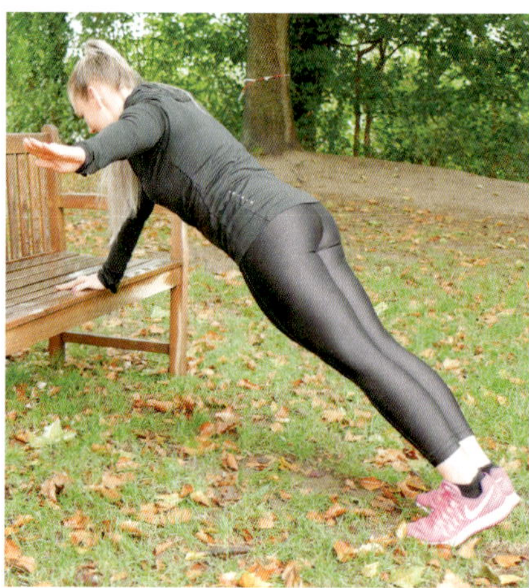

Ausgangsposition:
Gehen Sie gegen die Bank in die obere Liegestützposition. Der Kopf befindet sich in Verlängerung der Wirbelsäule. Ihre Hände befinden sich in Schulterbreite auf der Sitzfläche der Bank. Stellen Sie Ihre Beine hüftbreit auseinander und spannen Sie Ihren Bauch an. Das ist Ihre Ausgangsposition.

Übungsbeschreibung:
Strecken Sie nun einen Arm auf Schulterhöhe zur Seite aus. Halten Sie diese Position kurz und balancieren Sie sich aus. Führen Sie nun den ausgestreckten Arm zur Ausgangsposition zurück. Halten Sie diese Position kurz und strecken Sie nun den anderen Arm zur Seite aus.

4.2.2 Waage

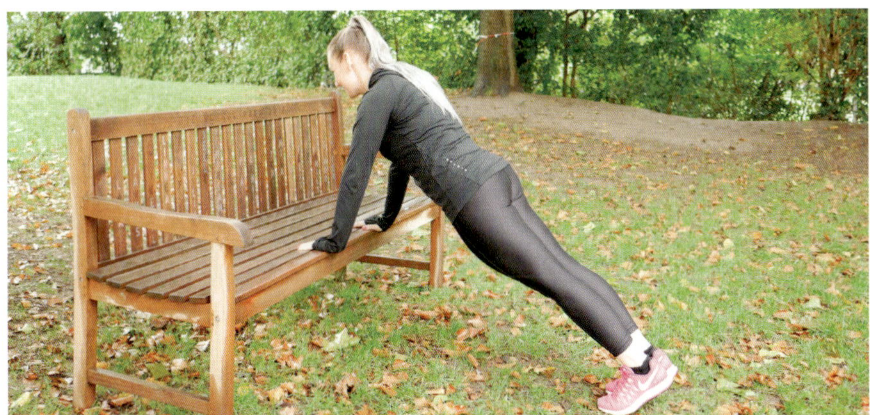

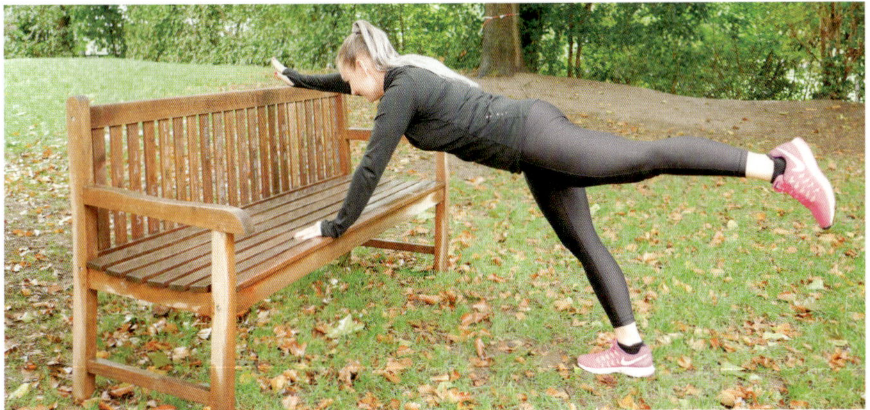

Ausgangsposition:

Gehen Sie gegen die Bank in die obere Liegestützposition. Der Kopf befindet sich in Verlängerung der Wirbelsäule. Ihre Hände befinden sich unter Ihren Schultern auf der Sitzfläche der Bank. Ihre Beine stehen hüftbreit auseinander. Spannen Sie Ihren Bauch an. Dies ist Ihre Ausgangsposition.

Übungsbeschreibung:

Heben Sie nun Ihren rechten Arm nach vorne und gleichzeitig Ihr linkes Bein nach hinten in die Waagerechte an. Ihr Rücken bleibt dabei gerade. Halten Sie kurz diese Position und gehen Sie dann kontrolliert in die Ausgangsposition zurück. Wiederholen Sie nun diese Bewegung mit dem linken Arm und dem rechten Bein.

4.2.3 Knie zum Ellbogen

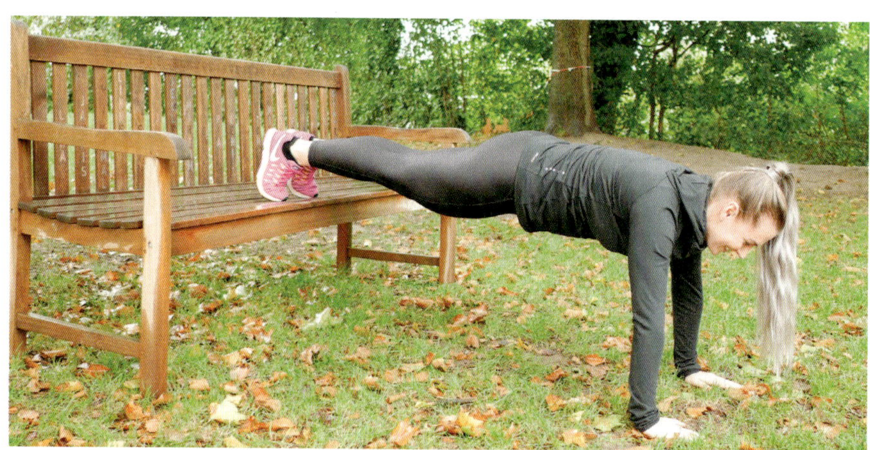

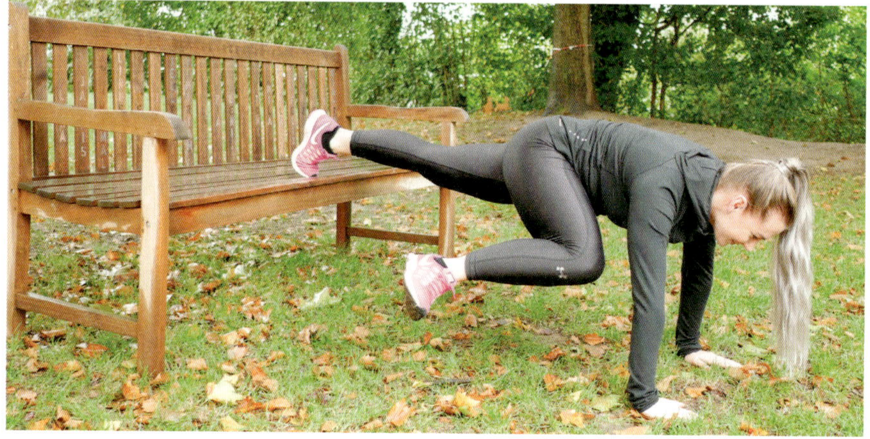

Ausgangsposition:

Gehen Sie vor der Bank in die obere Liegestützposition. Ihre Füße befinden sich auf der Sitzfläche der Bank. Der Kopf befindet sich in Verlängerung der Wirbelsäule. Stellen Sie Ihre Beine hüftbreit zusammen und spannen Sie Ihren Bauch an. Dies ist Ihre Ausgangsposition.

Übungsbeschreibung:

Lösen Sie nun Ihr rechtes Bein von der Bank und führen Sie Ihr rechtes Knie zum rechten Ellbogen. Halten Sie kurz diese Position und gehen Sie dann in die Ausgangsposition zurück. Wiederholen Sie dies nun mit dem linken Bein.

4.2.4 Seitbeuge

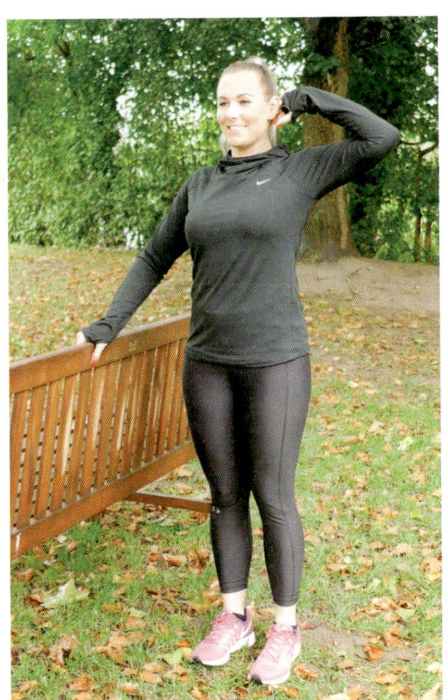

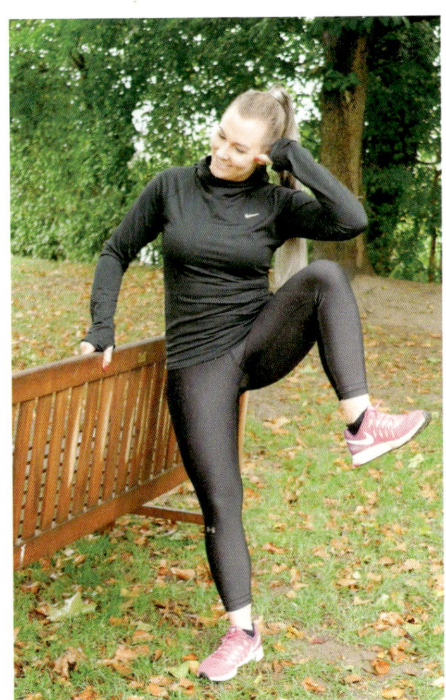

Ausgangsposition:

Stellen Sie sich aufrecht hinter eine Bank. Halten Sie sich mit der rechten Hand an der Lehne fest. Spannen Sie nun Ihren Bauch an, bringen Sie die linke Hand zum Kopf und heben Sie das linke Bein vom Boden ab.

Übungsbeschreibung:

Beugen Sie sich nun zur linken Seite. Das Knie des nun gebeugten linken Beins und der Ellbogen des gebeugten linken Arms nähern sich dicht an (oder berühren sich sogar!). Halten Sie diese Position kurz und gehen Sie langsam in die Ausgangsposition zurück. Wechseln Sie nach der Wiederholungszahl des jeweiligen Trainingsplans die Seite.

4.3 BEISPIEL FÜR EINE DOSIERUNG

Diese Übungen können Sie gerne als Einzelübungen mit Pausen dazwischen absolvieren. Gerne auch an der gleichen Bank.

DOSIERUNG:

Je Übung: 3 x 10 Wiederholungen (je Seite)/90 Sekunden Satzpause 120 Sekunden Pause zwischen den Übungen.

Sie können diese Übungen aber auch an verschiedenen Parkbänken auf Ihrer Laufstrecke absolvieren.

Diese Art von Kräftigung benötigt Regenerationszeit, also planen Sie diese Übungen nicht jeden Tag ein. In unseren Beispiel-Wochentrainingsplan sind sie folgendermaßen eingeplant:

Montag: ***Rumpf***
Dienstag: Oberkörper
Mittwoch: Beine
Donnerstag: ***Rumpf***
Freitag: Oberkörper
Samstag: Beine/Lauf-ABC
Sonntag: frei

Lauftransfer: *Idealer stabiler Rumpf für effektive Pendel!*

Alltagstransfer: *Tolle, aufrechte Körperhaltung!*

ÜBRIGENS:

Mit diesem Programm haben Sie die folgenden motorischen Fähigkeiten trainiert: Kraft, Beweglichkeit und Koordination.

4.4 DER SITZENDE LÄUFER

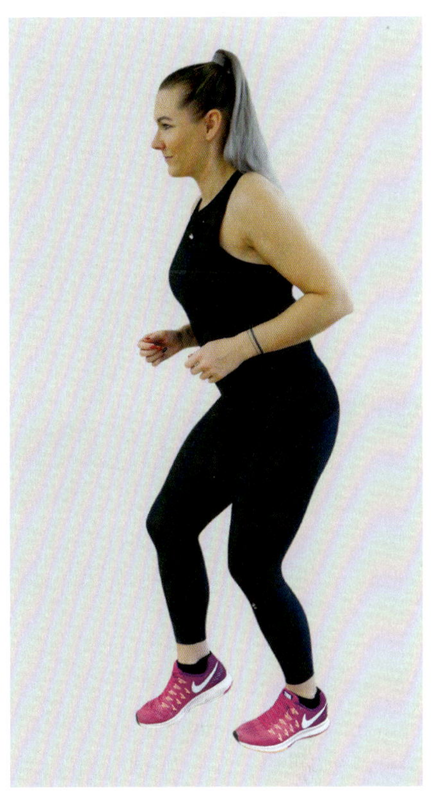

Die heutige Sitzkultur ist ein weiterer Grund, weshalb wir keine optimale Laufhaltung (mit Streckung der Hüfte) einnehmen können. Überall sitzen wir: im Büro, im Auto, in der Bahn, beim Essen zu Hause auf dem Sofa. Meist verbringen wir viele Stunden in dieser Position. In unserer heutigen Gesellschaft ist es völlig normal, sehr viel zu sitzen, obwohl die Evolution dies für uns vielleicht gar nicht vorgesehen hatte. Es gehört gar zum guten Ton, Besuch aus reiner Gastfreundschaft sofort einen Sitzplatz anzubieten.

Dieser Grund führt oft zu einem verkürzten Hüftbeuger und zieht den Läufer in einen „sitzenden Laufstil".

Die Hüfte sollte hingegen gestreckt werden, um effektiv und ökonomisch laufen zu können.

Dies hat auch wesentlichen Einfluss auf einen längeren Laufschritt, denn aus der sitzenden Laufbewegung kann ich nun mal keinen großen Laufschritt entwickeln!

Daher empfehle ich Ihnen an dieser Stelle, Ihren Hüftbeuger zu dehnen und den Gegenspieler zu kräftigen. Ihr Körper wird es Ihnen danken.

4.4.1 Dehnung der Hüftbeuger

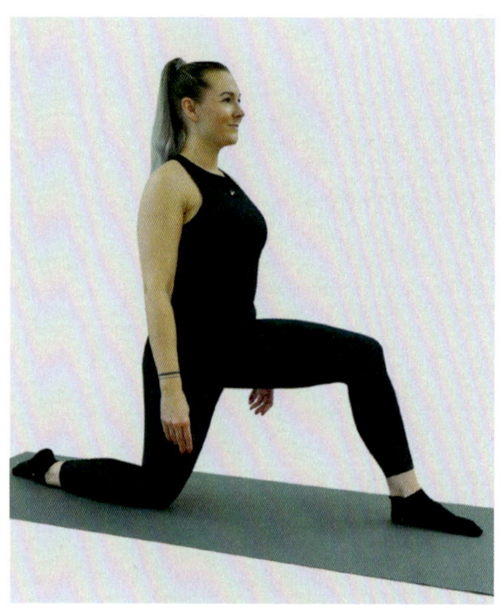

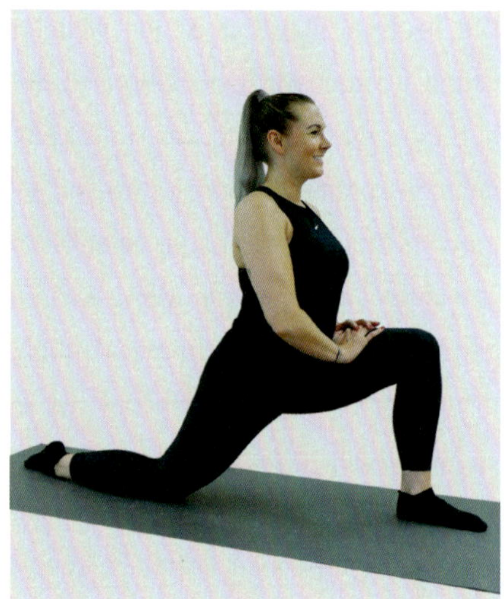

Um die empfohlene Hüftstreckung beim Laufen mühelos zu erreichen, ist es meist vonnöten, den Hüftbeuger zu dehnen und gleichzeitig den Hüftstrecker zu stärken.

Ausgangsposition:
Für die Dehnung knien Sie mit einem Knie auf dem Boden. Legen Sie sich etwas Weiches (zum Beispiel ein Kissen oder ein Stück Matte) unter das Knie. Ihr Fußrücken liegt auf dem Boden.

Übungsbeschreibung:
Richten Sie Ihren Oberkörper gerade auf und bringen Sie diesen nun so weit nach vorne, bis Sie eine Dehnung am Oberschenkel des hinteren Beins verspüren. Halten Sie nun diese Position 30 Sekunden.

4.4.2 Kräftigung des Hüftstreckers

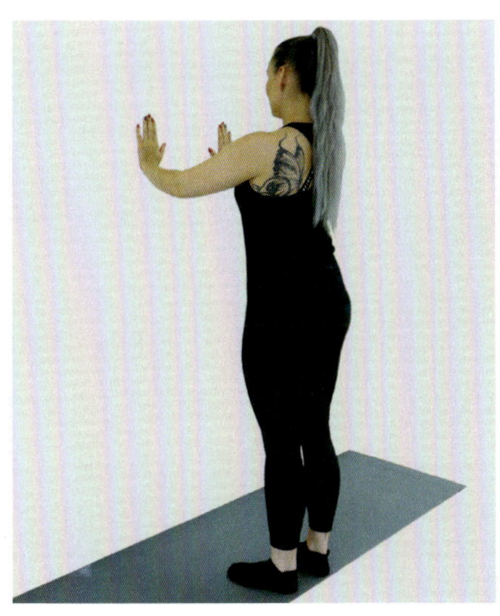
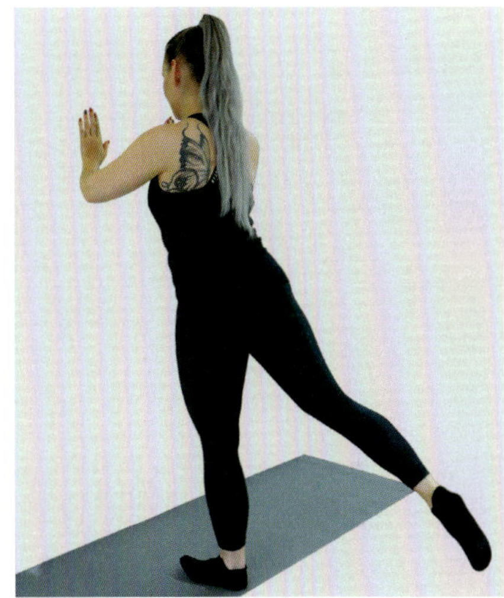

Ausgangsposition:
Für die Kräftigung des Hüftstreckers stellen Sie sich aufrecht gegen eine Wand, Mauer oder Zaun.

Übungsbeschreibung:
Führen Sie nun ein Bein ohne Schwung so weit nach hinten, wie Sie können. Halten Sie diese Position einen kurzen Moment und bringen Sie dann das Bein wieder kontrolliert nach vorne. Führen Sie 10 Wiederholungen aus.

ÜBRIGENS:

Als weiterführende Ergänzung zu diesem Kapitel empfiehlt sich Kap. 5 und Kap. 6, insbesondere die „Ausfallschritttechniken".

Durch einen starken und stabilen Rumpf wird Ihr Laufen definitiv besser!
Und genau das wird durch die Kräftigungsübungen für den Rumpf gewährleistet.

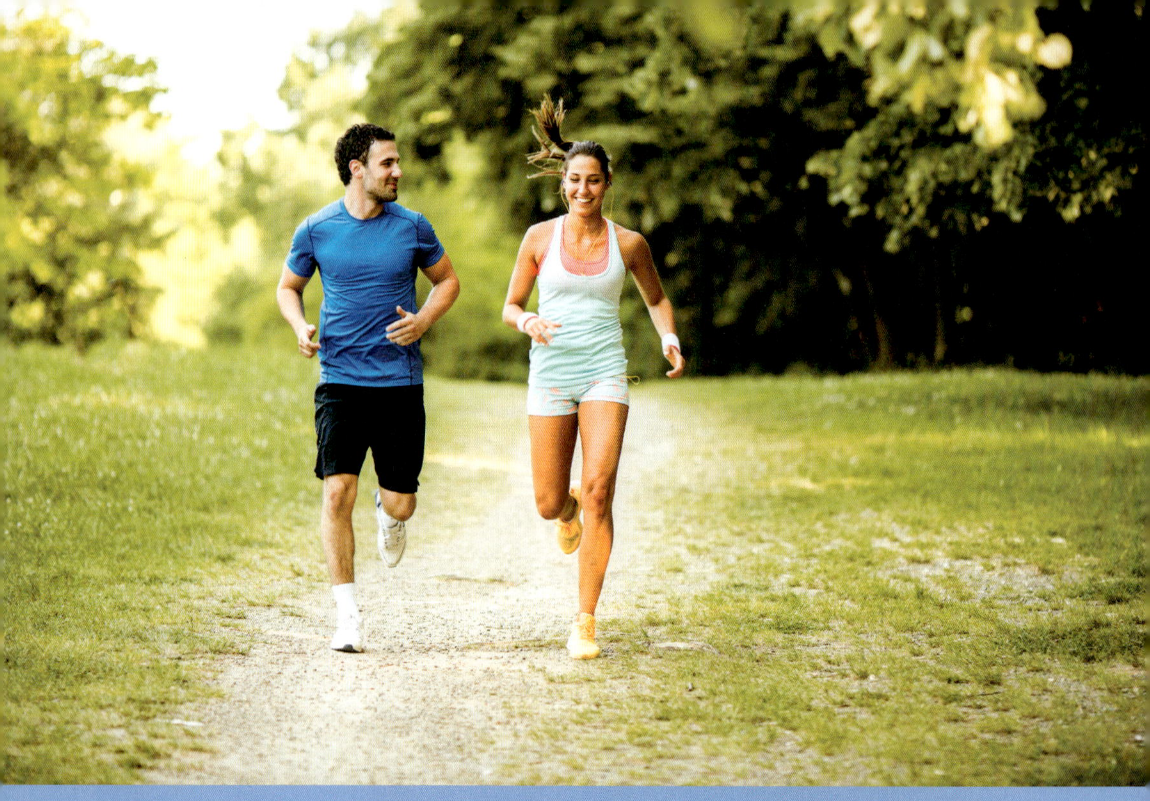

KAPITEL 5

5 BEWEGUNGSMUSTER DER BEINE – DER IMPULS FÜR EIN BESSERES LAUFEN

Auch wenn wir tatsächlich zum Laufen geboren wurden, „läuft" unser Laufen auf Anhieb nicht mehr so optimal ab, wie es sich die Evolution für uns einmal ausgedacht hatte. Nun sicher, die Motivation zum Laufen war damals gewiss eine andere als heute, denn unsere Vorfahren mussten laufen, um zu jagen oder weil sie gejagt wurden. Das Laufen damals konnte tatsächlich über Leben und Tod entscheiden. Nun, zum Glück beinhaltet das Laufen heute nicht mehr ganz die Entscheidung über Leben und Tod. Oder doch?

WAS BRINGT IHNEN DIESES PROGRAMM?

Wodurch wird in diesem Kapitel Ihr Laufen/Ihre Laufleistung besser?

» *Greifen Sie in das Bewegungsmuster Ihrer Beine ein und verbessern Sie Ihre Schrittlänge und Schrittqualität.*

» *Ihre Schrittlänge im Alltag wird länger.*

» *Sie werden durch diesen Baustein nachhaltig einfach besser!*

Nun, eines können wir aber auf jeden Fall festhalten, dass das Laufen definitiv zu unserer Natur und unserer Gesundheit gehört.

Dennoch ist Laufen nicht mehr gleich Laufen, denn durch die „Sesshaftigkeit" des Menschen haben wir uns gewissermaßen vom optimalen Laufen weit entfernt.

Wie bereits bei den *Kräftigungsübungen für den Rumpf* (s. Kap. 4) erklärt und trainiert, hängt ein guter Laufstil von der Aus- und Aufrichtung des Bewegungsapparats ab. Der Laufstil basiert nicht nur auf der Stabilität des Rumpfs, der hierbei eine „tragende" Rolle spielt, sondern auch auf den Bewegungsmustern.

5.1 DIE AUSWIRKUNGEN DER BEWEGUNGSMUSTER

Bewegungsmuster entscheiden darüber, wie Sie eine Bewegung ausführen. Ihr Unterbewusstsein ruft dieses Bewegungsmuster ab und führt es gemäß Muster aus. Bei Ihrem Laufen zum Beispiel führen Sie Ihren Laufschritt so aus, wie Sie das Bewegungsmuster einstudiert haben. Dies hat natürlich erheblichen Einfluss darauf, welche „Qualität" abgerufen wird.

Und diese Qualität hat nicht nur Einfluss auf den Laufschritt selbst, sondern auch auf viele andere Faktoren, welche mit dem Laufschritt zu tun haben, wie zum Beispiel wie viel Energie dafür aufgewendet werden muss usw.

Je optimaler das Bewegungsmuster ist, desto optimaler ist das Ergebnis. Sollte Ihr Bewegungsmuster eben nicht optimal sein, so lassen Sie den Kopf bitte nicht hängen, sondern freuen Sie sich auf das folgende Übungsprogramm! Denn Sie können mit diesen Übungen Ihr Bewegungsmuster „Laufschritt" tatsächlich optimieren!

5.2 DAS UNTERBEWUSSTSEIN ERREICHEN

Ja, man kann Bewegungsmuster optimieren! Dazu sind allerdings die entsprechenden Übungen und Geduld nötig. Viel Geduld. Nun, damit sich ein Bewegungsmuster verändert, muss ich die veränderte Form zum Teil 10.000-mal wiederholen. Aber trösten Sie sich! Sie wissen doch, Rom wurde auch nicht an einem Tag erbaut.

Denke Sie bitte daran, jede Bewegung ist Training und bringt Sie voran!

5.3 DIE WIRKUNG AUF DEN LAUFSTIL

Die im Bewegungsmuster enthaltenen, „einstudierten" Vorgaben, wie zum Beispiel Schrittlänge, die Schrittfrequenz, wie energieaufwendig ist der Laufschritt usw., haben natürlich Auswirkungen auf die Laufqualität. Zudem verändert es gravierend Ihren Laufstil. Denn dieser wird besser und besser, effizienter, ökonomischer, natürlicher.

Freuen Sie sich darauf!

5.4 ALLES BEGINNT MIT EINEM GROSSEN SCHRITT

In Kap. 4 wurde nicht nur Wert darauf gelegt, den Rumpf in gestreckter Haltung zu trainieren, um eine solide Basis für die Pendel (die Beine) zu gewährleisten. Es ging auch darum, die Hüfte strecken zu können. Denn nur durch eine gestreckte Hüfte haben Sie eine aufrechte Körperhaltung, aus der Sie dann einen langen, effizienten und ökonomischen Laufschritt entwickeln können.

Der Ausfallschritt arbeitet auch in diese Richtung und hat noch mehr Goodies parat! Er baut nicht nur die Beinkraft funktionell zum Laufschritt auf, bewegt Hüfte, Knie und Sprunggelenk, sondern sorgt auch für eine sehr gute Balance.

Versuchen Sie bei den Ausfallschritten, Ihre Ausfallschrittlänge langsam, aber stetig zu verlängern.

Erarbeiten Sie sich mit dieser Übung eine Hüfte, welche Ihr Laufen verbessert!

Durch einen optimierten Bewegungsablauf (Bewegungsmuster) wird Ihr Laufen definitiv besser!

5.4.1 Ausfallschritt nach vorne

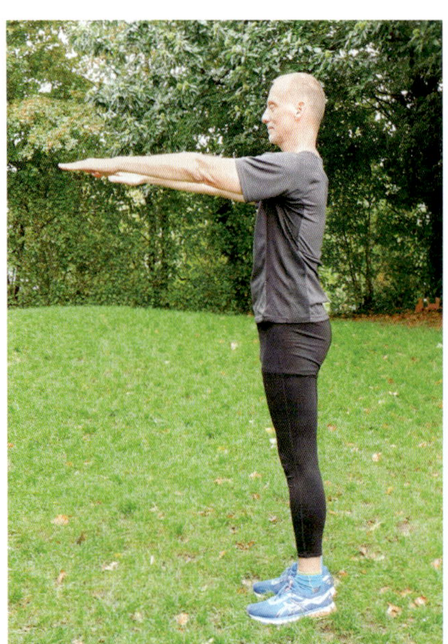

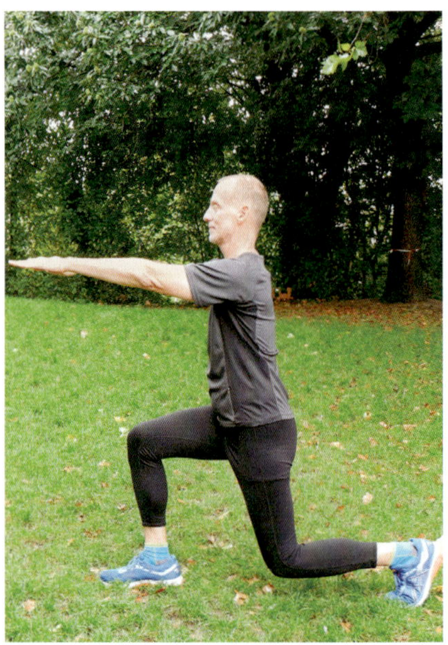

Ausgangsposition:

Stellen Sie sich aufrecht hin. Ihre Beine stehen hüftbreit auseinander. Spannen Sie den Bauch an.

Übungsbeschreibung:

Strecken Sie Ihre Arme lang nach vorne aus und machen Sie mit einem Bein einen großen Schritt nach vorne. Achten Sie beim vorderen Bein darauf, dass Ihr Knie nicht Ihre Fußspitze überragt. Senken Sie nun das hintere Knie bis knapp über den Boden ab. Halten Sie diese Position für einen kurzen Moment. Gehen Sie nun in die Ausgangsposition zurück. Atmen Sie dabei aus. Nun folgt das andere Bein.

5.4.2 Ausfallschritt normal nach vorne mit angehobenem Knie

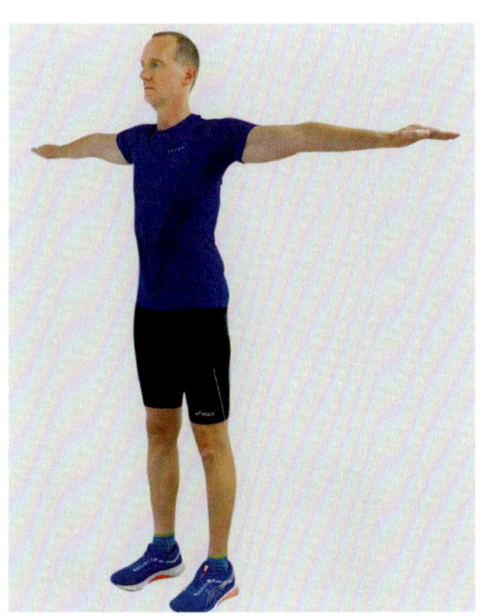

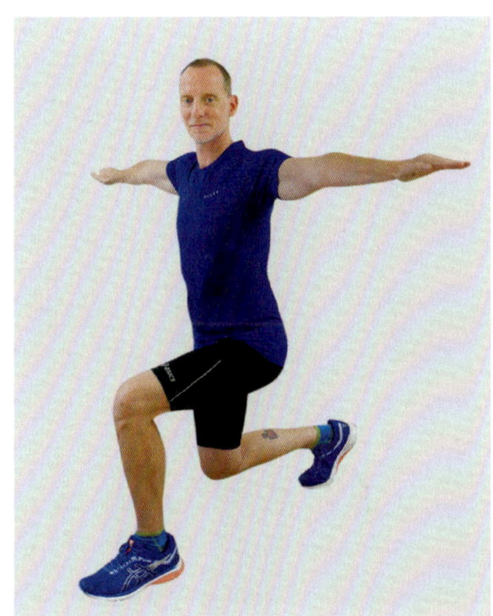

Ausgangsposition:

Stellen Sie sich aufrecht hin. Ihre Beine stehen hüftbreit auseinander.

Übungsbeschreibung:

Spannen Sie den Bauch an und machen Sie mit einem Bein einen großen Schritt nach vorne. Achten Sie beim vorderen Bein darauf, dass Ihr Knie nicht Ihre Fußspitze überragt. Senken Sie nun das hintere Knie bis knapp über den Boden.

Ziehen Sie nun das hintere Bein gebeugt nach vorne oben.

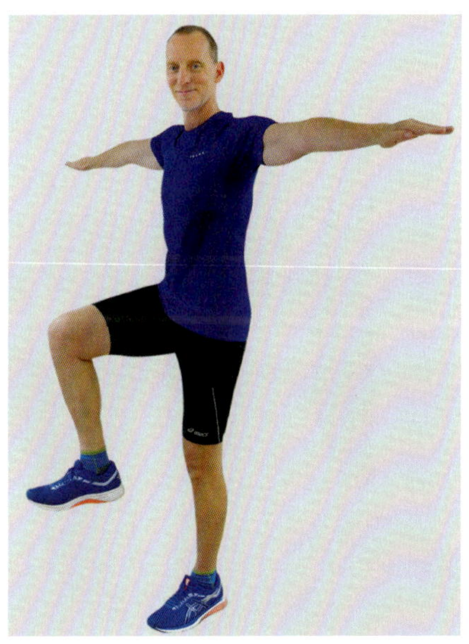

Halten Sie diese Position für einen kurzen Moment. Gehen Sie nun in die Ausgangsposition zurück. Atmen Sie dabei aus. Nun machen Sie die Übung mit dem anderen Bein.

5.4.3 Ausfallschritt normal mit Rotation im Sprunggelenk

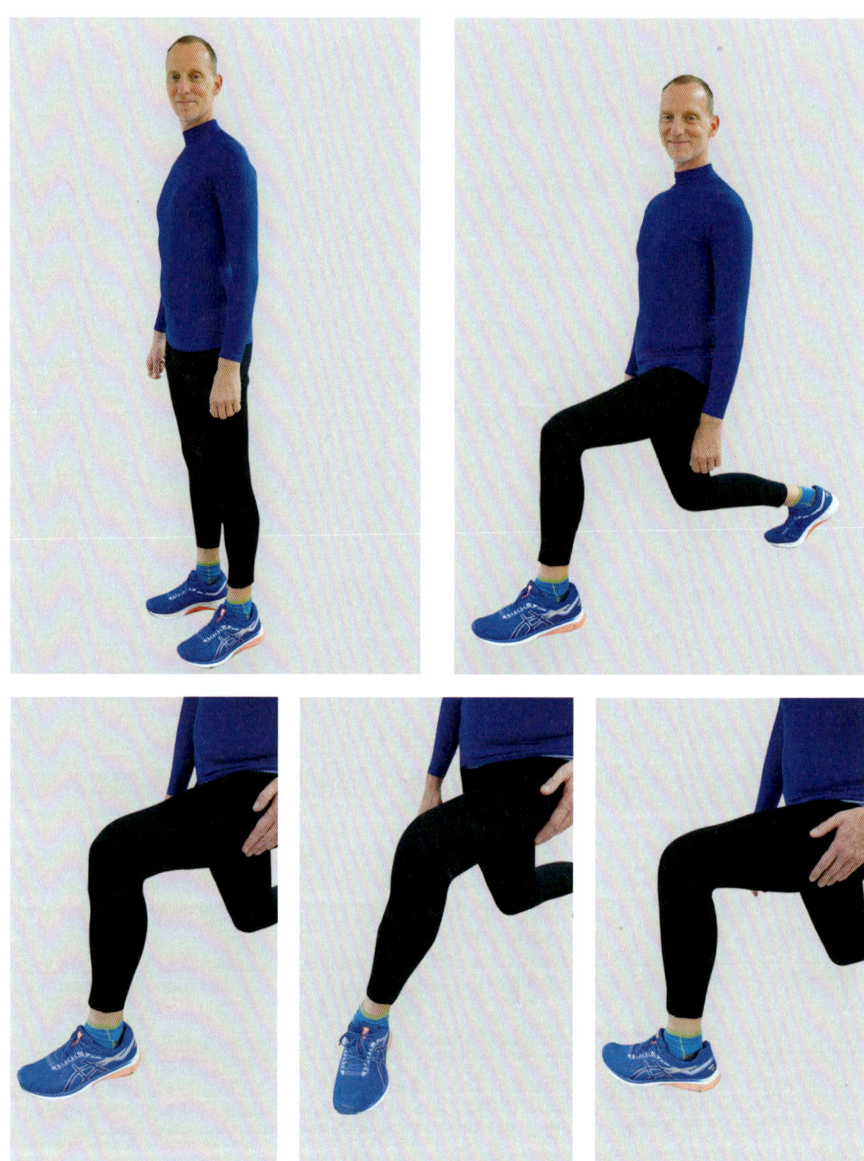

Ausgangsposition:

Stellen Sie sich aufrecht hin. Ihre Beine stehen hüftbreit auseinander.

Übungsbeschreibung:

Spannen Sie den Bauch an, lassen Sie die Arme entspannt neben Ihrem Körper hängen und machen Sie mit einem Bein einen großen Schritt nach vorne. Achten Sie beim vorderen Bein darauf, dass Ihr Knie nicht Ihre Fußspitze überragt. Senken Sie nun das hintere Knie bis knapp über den Boden. Halten Sie diese Position für einen kurzen Moment. Gehen Sie nun in die Ausgangsposition zurück. Atmen Sie dabei aus. Nun machen Sie die Übung mit dem anderen Bein.

Achten Sie bei jedem Schritt nach vorne darauf, den Fuß immer in einem anderen Winkel aufzusetzen.

5.4.4 Ausfallschritt mit Rotation des Oberkörpers

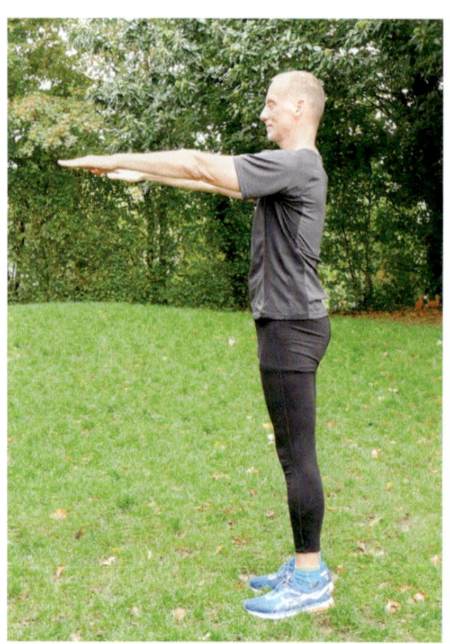

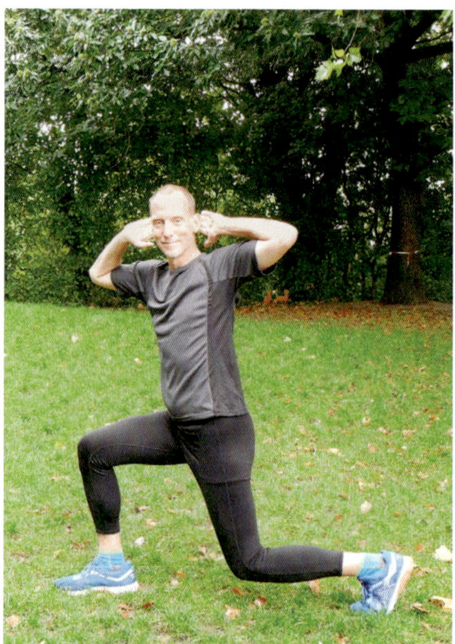

Ausgangsposition:

Stellen Sie sich aufrecht hin. Ihre Beine stehen hüftbreit auseinander.

Übungsbeschreibung:

Spannen Sie den Bauch an, verschränken Sie die Hände hinterm Kopf und machen Sie mit einem Bein einen großen Schritt nach vorne. Achten Sie beim vorderen Bein darauf, dass Ihr Knie nicht Ihre Fußspitze überragt. Senken Sie nun das hintere Knie bis knapp über den Boden. Drehen Sie nun den Oberkörper in Richtung des vorne stehenden Beins. Halten Sie diese Position für einen kurzen Moment. Gehen Sie nun in die Ausgangsposition zurück. Atmen Sie dabei aus. Wiederholen Sie die Übung auf der anderen Seite.

5.4.5 Ausfallschritt nach hinten

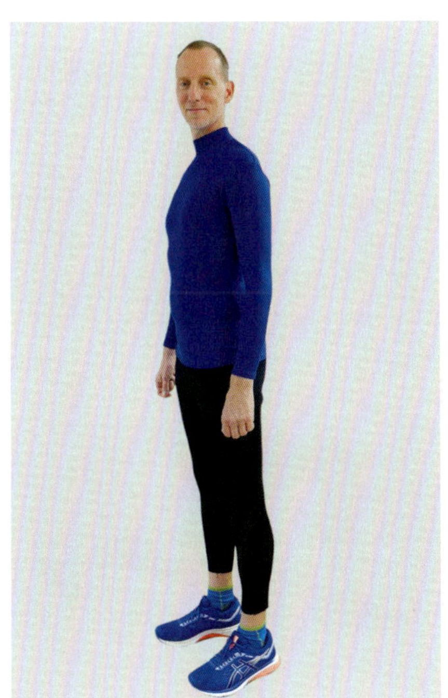

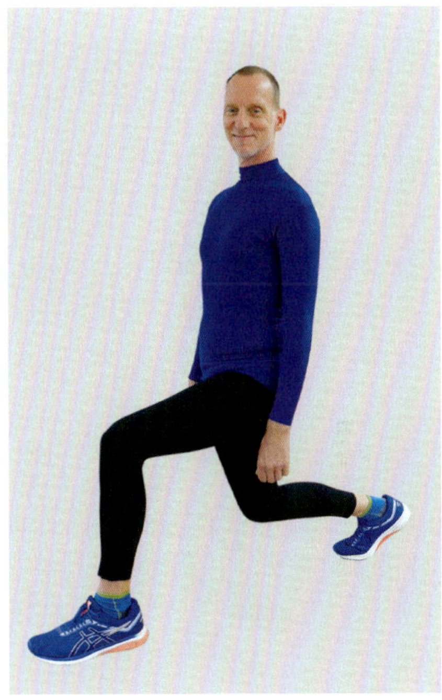

Ausgangsposition:

Stellen Sie sich aufrecht hin. Ihre Beine stehen hüftbreit auseinander.

Übungsbeschreibung:

Spannen Sie den Bauch an, lassen Sie die Arme entspannt neben Ihrem Körper hängen und machen Sie mit einem Bein einen großen Schritt nach hinten. Achten Sie beim vorderen Bein darauf, dass Ihr Knie nicht Ihre Fußspitze überragt. Senken Sie nun das hintere Knie bis knapp über den Boden. Halten Sie diese Position für einen kurzen Moment. Gehen Sie nun in die Ausgangsposition zurück. Atmen Sie dabei aus. Wiederholen Sie die Übung mit dem anderen Bein.

5.4.6 Eine Distanz im Ausfallschritt gehen

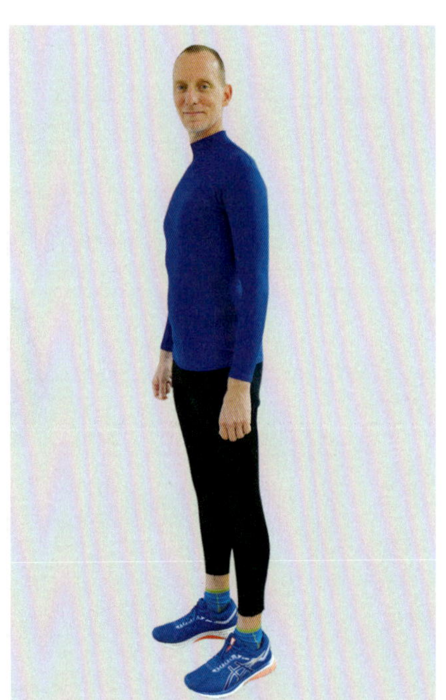

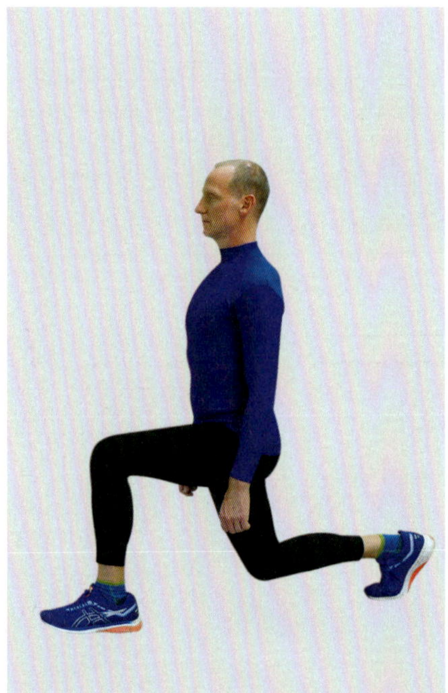

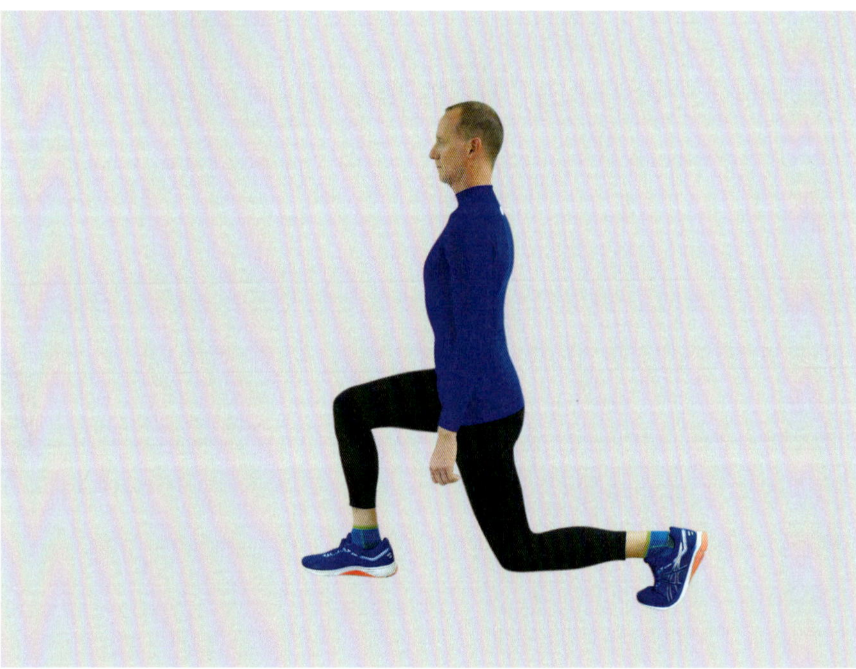

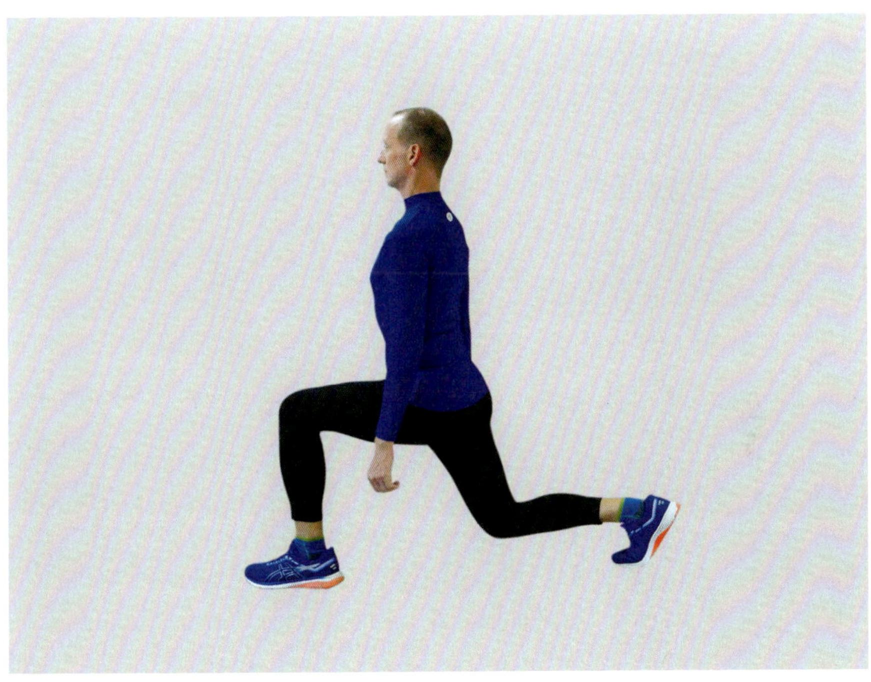

Übungsbeschreibung:

Machen Sie wie gewohnt einen Ausfallschritt nach vorne.

Dies war eine Wiederholung. Wechseln Sie nun das Bein und wiederholen Sie diese Ausführung.

5.4.7 Dehnung der Hüftbeuger

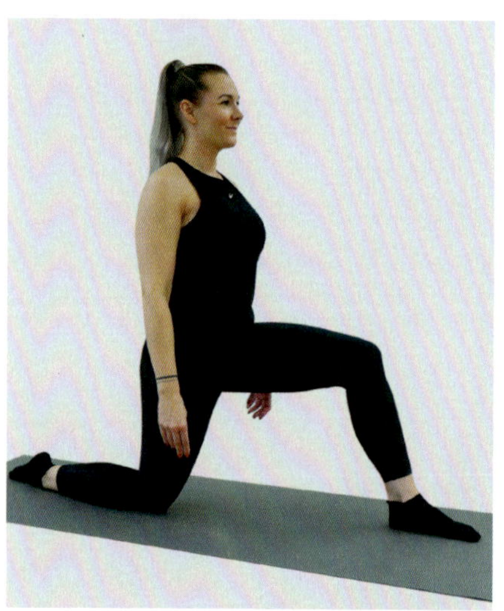

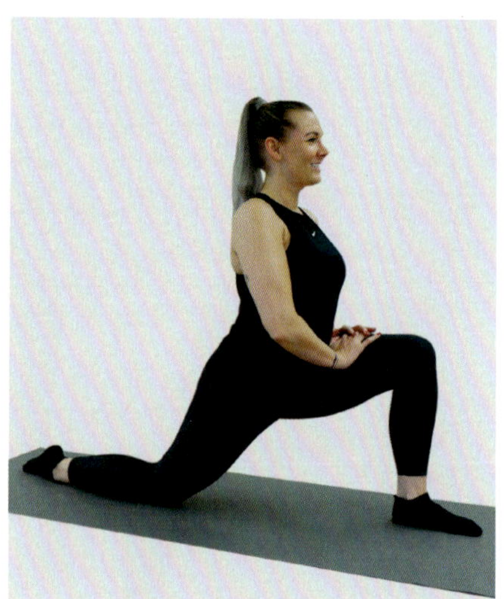

Um mühelos in die empfohlene Hüfstreckung beim Laufen zu kommen, ist es meist vonnöten, den Hüftbeuger zu dehnen und gleichzeitig den Hüftstrecker zu stärken.

Ausgangsposition:

Für die Dehnung knien Sie mit einem Knie auf dem Boden. Legen Sie sich etwas Weiches (zum Beispiel ein Kissen oder ein Stück Matte) unter das Knie. Ihr Fußrücken liegt auf dem Boden.

Übungsbeschreibung:

Richten Sie Ihren Oberkörper gerade auf und bringen Sie diesen nun so weit nach vorne, bis Sie eine Dehnung am Oberschenkel des hinteren Beins verspüren. Halten Sie nun diese Position 30 Sekunden.

5.4.8 Kräftigung des Hüftstreckers

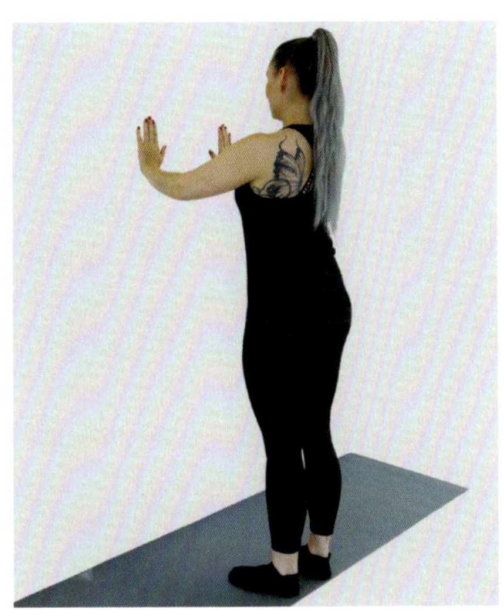

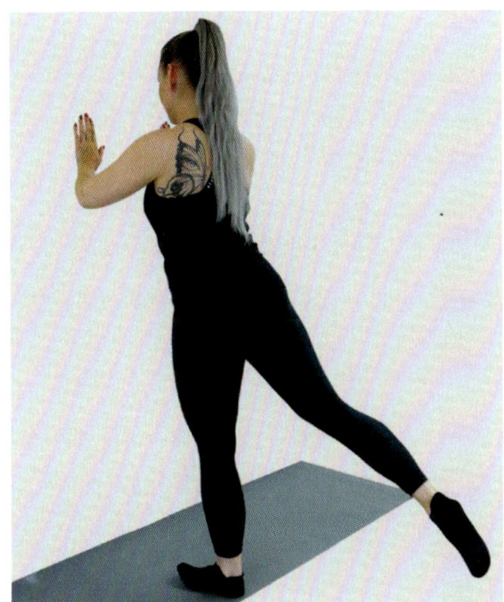

Ausgangsposition:

Für die Kräftigung des Hüftstreckers stellen Sie sich aufrecht gegen eine Wand, Mauer oder Zaun.

Übungsbeschreibung:

Führen Sie nun ein Bein ohne Schwung so weit nach hinten, wie Sie können. Halten Sie diese Position einen kurzen Moment und bringen Sie dann das Bein wieder kontrolliert nach vorne. Führen Sie 10 Wiederholungen aus.

ÜBRIGENS:

Als weiterführende Ergänzung zu diesem Kapitel empfiehlt sich Kap. 6.

Durch das Training des Bewegungsmusters „Beine" wird Ihr Laufen definitiv besser! Und genau das wird durch dieses Programm gewährleistet.

5.5 SEHR LANGSAMES LAUFEN

Eigentlich müsste diese Übung „sehr langsames Gehen" heißen – was allerdings auch nicht ganz korrekt wäre . . .

Ich fange es mal andersherum an:

Wenn ich eine Bewegung schnell und effizient beherrschen möchte, sollte ich diese auch sehr langsam absolvieren können.

Das heißt für Ihr Bewegungsmuster Laufen, dass Sie nun extrem langsam laufen. Laufen Sie bitte in Superzeitlupe, also so langsam, dass Sie selbst ein normal gehender Mensch überholen würde.

Kennen Sie das saloppe Sprichwort: „Dem kann man aber auch im Gehen die Schuhe besohlen?"

Und genau die Geschwindigkeit meine ich!

Halten Sie dabei Ihren Körper aufrecht und versuchen Sie, trotz des sehr langsamen Tempos, einen langen Schritt zu machen. Spüren Sie dabei in sich hinein.

- Wie fühlt sich Ihr Körper an?
- Welche Muskeln arbeiten?
- Hören Sie Ihre Atmung?

Spüren Sie, wie sich das Abrollen der Füße anfühlt und achten Sie auf Ihre Balance.

Absolvieren Sie diese Übung ruhig einmal eine ganze Bahn lang (400 m). Eine interessante Erfahrung, nicht wahr?

5.6 EXTREM LANGE AUSFALLSCHRITTE

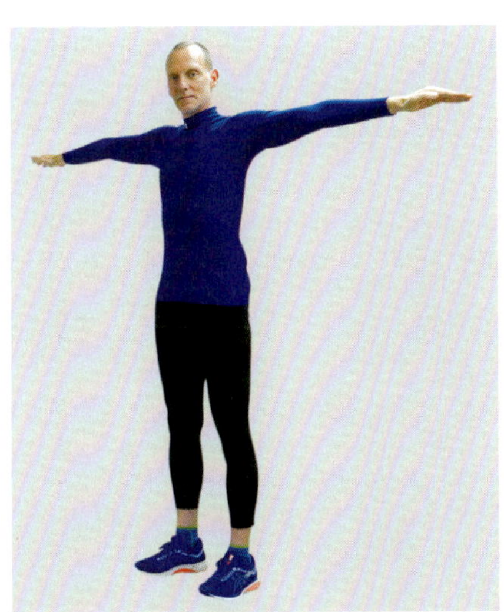

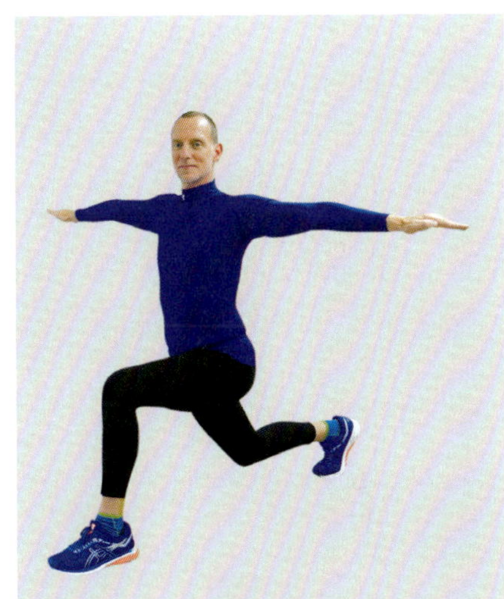

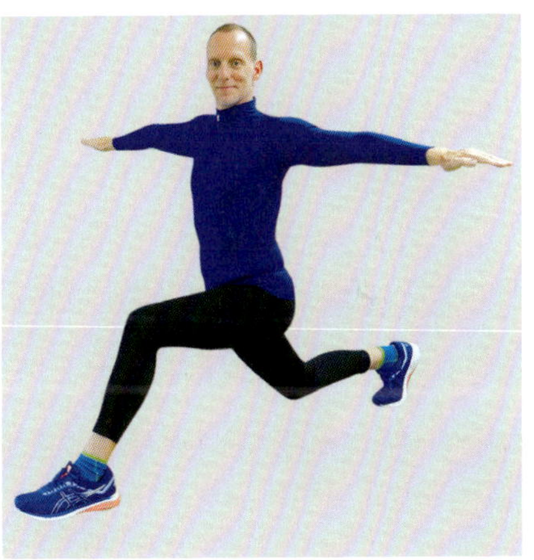

Ausgangsposition:

Stellen Sie sich aufrecht hin. Ihre Beine stehen hüftbreit auseinander.

Übungsbeschreibung:

Spannen Sie den Bauch an, strecken Sie zur Balance die Arme seitlich aus und machen Sie mit einem Bein einen großen Schritt nach vorne. Achten Sie beim vorderen Bein darauf, dass Ihr Knie nicht Ihre Fußspitze überragt. Senken Sie nun das hintere Knie bis knapp über den Boden. Schieben Sie nun Ihre vordere Fußspitze so weit nach vorne, wie Sie maximal können. Balancieren Sie dabei gut aus. Halten Sie diese Position für einen kurzen Moment. Gehen Sie nun in die Ausgangsposition zurück. Atmen Sie dabei aus. Nun folgt die Übungsausführung auf dem anderen Bein.

Sie können diese Art von Ausfallschritten auch fortlaufend absolvieren.

5.7 AUF EINEM BEIN STEHEN – BALANCE, DIE SO WICHTIG IST!

Wie es in Kap. 4 schon einleuchtend thematisiert wurde, werden die Gliedmaßen oftmals als Pendel bezeichnet, welche (hoffentlich!) an einem stabilen Rumpf befestigt sind. Wenn ein Bein den Boden berührt, pendelt quasi das andere Bein.

Auch haben Sie bei den Ausfallschritten gemerkt, dass beim Laufen ein gewisses Maß an Balance vonnöten ist. Daher bietet es sich an, auch die Balance zusätzlich zu trainieren, um das Laufen zu verbessern.

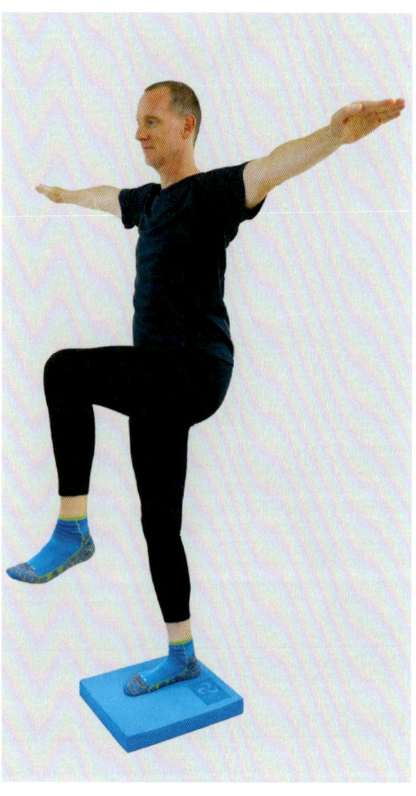

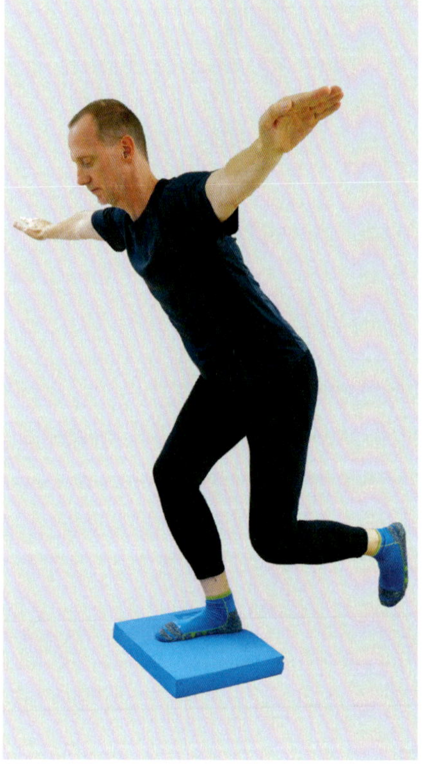

Ausgangsposition:

Stellen Sie sich gerade hin, spannen Sie den Bauch an, und ziehen Sie ein Knie hoch. Balancieren Sie sich aus.

Übungsbeschreibung:

Gehen Sie nun in eine leichte einbeinige Kniebeuge. Führen Sie dies abwechselnd (bitte nicht gleichzeitig!) mit beiden Beinen durch.

ÜBRIGENS:

Hier ist ein Beispiel auf einem Balance-Board zu sehen. Dies ist sehr schwer. Sie können diese Übung auch machen, wenn Sie direkt auf dem Boden stehen.

5.8 DIE KNIEBEUGE

Eine weitere gute Möglichkeit für das Zusammenspiel von Hüfte, Knie und Sprunggelenk sowie eine hervorragende Kräftigung für die Beine bietet die Kniebeuge.

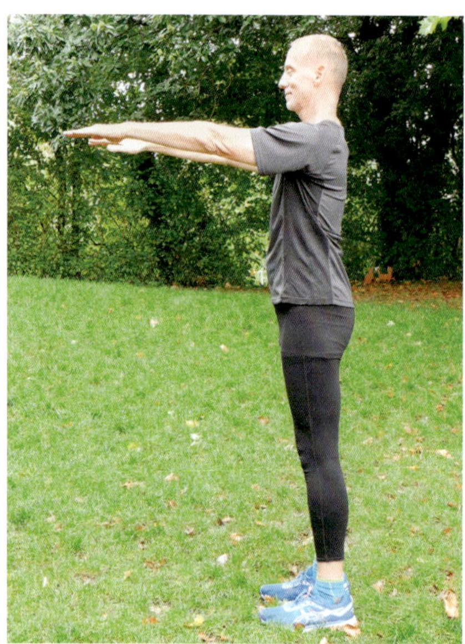

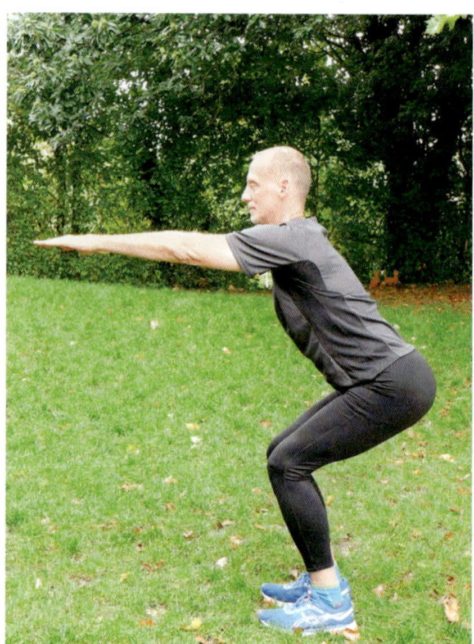

Ausgangsposition:
Stellen Sie sich aufrecht hin. Die Beine stehen hüftbreit auseinander. Der Bauch ist angespannt. Strecken Sie Ihre Arme nach vorne aus.

Übungsbeschreibung:
Beugen Sie nun Ihre Beine so, als wollten Sie sich auf einen Stuhl setzen. Achten Sie dabei darauf, dass Ihre Knie nicht über Ihre Fußspitzen ragen. Gehen Sie in diese Bewegung, so tief Sie können. Halten Sie den tiefsten Punkt für einen Moment und gehen Sie dann langsam in die aufrechte Ausgangsposition zurück.

Verbessern Sie nicht nur Ihre Kraft, sondern auch das Zusammenspiel von Hüfte, Knie und Sprunggelenk und aktivieren Sie Ihre hintere Muskelkette für einen besseren Antrieb. Damit verbessern Sie Ihr Laufen.

5.9 BEISPIEL FÜR EINE DOSIERUNG

Diese Übungen können Sie gerne als Einzelübungen mit Pausen dazwischen absolvieren.

DOSIERUNG:

Je Übung: 3 x 10 Wiederholungen (je Seite)/90 Sekunden Satzpause/120 Sekunden Pause zwischen den Übungen.

Diese Art von Training benötigt Regenerationszeit, also planen Sie dieses Programm nicht jeden Tag ein. In unserem Beispiel-Wochentrainingsplan sehen Sie die Übungen an folgendem Tag:

Montag: Rumpf
Dienstag: Oberkörper
Mittwoch: Beine
Donnerstag: Rumpf
Freitag: Oberkörper
*Samstag: **Beine/„Bewegungsmuster"***
Sonntag: frei

***Lauftransfer:** Das Bewegungsmuster des Schritts wird ökonomischer, die Schrittlänge wird länger und effizienter!*

***Alltagstransfer:** Die Gangqualität wird besser!*

ÜBRIGENS:

Mit diesem Programm haben Sie die folgenden motorischen Fähigkeiten trainiert: Kraft, Beweglichkeit und Koordination.

Dieses Programm ist inhaltlich sehr eng mit Kap. 4 verbunden.

Natürlich ist in diesem Buch jedes Übungsprogramm wertvoll, aber ich möchte Ihnen nicht die Freiheit nehmen, zu entscheiden, welche Übungen Sie für sich und Ihr freies Laufen einsetzen möchten oder welche nicht.

Wenn ich Ihnen allerdings eine Empfehlung aussprechen dürfte: Dann schlage ich Ihnen auf jeden Fall ein Duo aus Kap. 4 und diesem Übungsprogramm vor. Beginnen Sie dann bitte mit Kap. 5 und absolvieren Sie danach Kap. 6.

Durch ein verbessertes Bewegungsmuster beim Laufen wird Ihr Laufen definitiv besser!

Und genau das leistet Kap. 5.

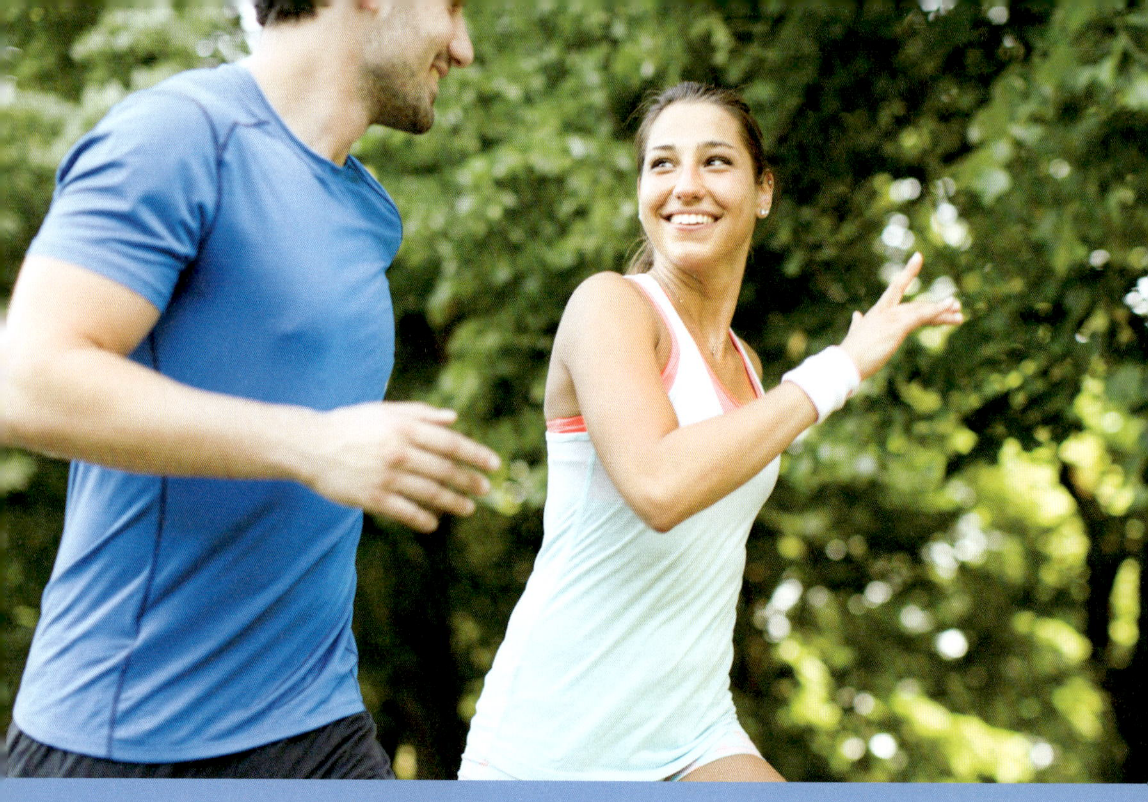

KAPITEL 6

6 KRÄFTIGUNGSÜBUNGEN FÜR DIE BEINE – DER ANTRIEB FÜR BESSERES LAUFEN

Stellen wir uns die Frage: *„Mit was laufen wir denn?"*

Sie werden vermutlich die Augen verdrehen und völlig selbstsicher antworten: „Na, mit den Beinen, natürlich!"

Obwohl die Aussage nur zum Teil stimmt, denn Sie werden in diesem Buch bemerken, dass tatsächlich der ganze Körper läuft, sind die Beine als muskulär antreibender Bereich des Laufens natürlich offensichtlich.

WAS BRINGT IHNEN DIESES PROGRAMM?

Wodurch wird in diesem Kapitel Ihr Laufen/Ihre Laufleistung besser?

» *Kräftigung Ihrer Beine.*

» *Mehr Kraft beim Laufen.*

» *Besseres Verhalten bei der Sprung- und Landephase.*

» *Sie werden durch diesen Baustein nachhaltig einfach besser.*

Grund genug, um den Beinen ein eigenes Kapitel zu widmen. Die Beine „nur" durch Laufen zu trainieren, scheint schön und gut zu sein, aber möchten Sie im Laufen besser werden, kommen Sie nicht drum herum, die Beine etwas spezieller zu belasten.

Sie werden diesen Übungen danken, wenn Sie nicht nur beim Laufen merken, wie Sie kraftvoller und effizienter werden, sondern durch eine längere Schrittlänge auch noch ökonomischer. Auch im Alltag werden Sie spüren, wie die dazugewonnene Kraft und Ihre Beweglichkeit Ihnen hilft, zum Beispiel beim Bücken oder beim Treppensteigen.

Dieses Kapitel ist inhaltlich sehr eng mit Kap. 5 verbunden.

Natürlich ist in diesem Buch jedes Übungsprogramm wertvoll, aber ich möchte Ihnen nicht die Freiheit nehmen, zu entscheiden, welche Übungen Sie für sich und Ihr freies Laufen einsetzen möchten und welche nicht.

Wenn ich Ihnen allerdings eine Empfehlung aussprechen dürfte: Dann schlage ich Ihnen auf jeden Fall ein Duo vor aus Kap. 5 und diesen Übungen. Beginnen Sie dann bitte mit Kap. 5 und absolvieren Sie anschließend die Übungen aus diesem Kapitel.

6.1 AUSFALLSCHRITTE AN DER BANK

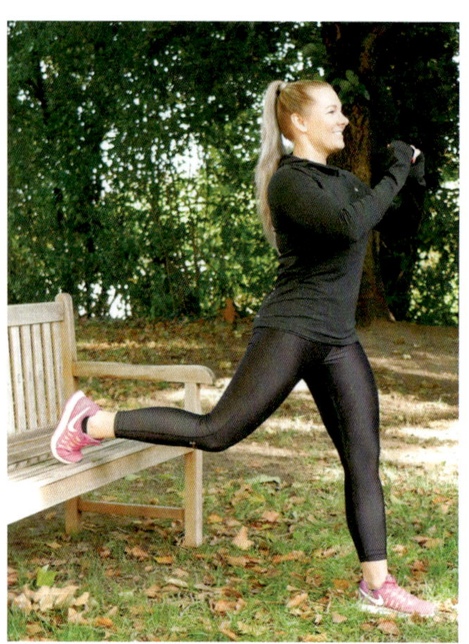

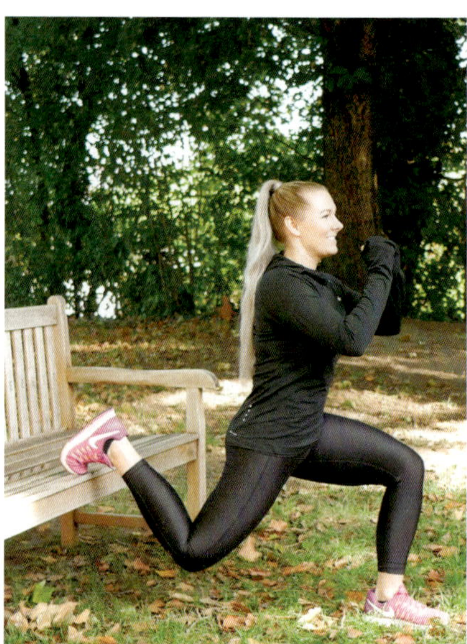

Ausgangsposition:

Stellen Sie sich rücklings gerade vor die Bank. Sie sind in etwa einen mittelgroßen Schritt von ihr entfernt. Legen Sie Ihren rechten Fuß auf die Sitzfläche der Bank. Ihr Kopf ist in Verlängerung der Wirbelsäule. Dies ist Ihre Ausgangsposition.

Übungsbeschreibung:

Spannen Sie nun Ihren Bauch an, strecken Sie Ihre Arme nach vorne zur Balance aus und beugen Sie Ihr rechtes Knie in Richtung Boden. Achten Sie darauf, dass dabei Ihr linkes Knie nicht über Ihre linke Fußspitze ragt. Halten Sie diese Position für einen kurzen Moment und gehen Sie dann in Ihre Ausgangsstellung zurück. Absolvieren Sie nun alle Wiederholungen des jeweiligen Trainingsplans und wechseln Sie dann auf das andere Bein.

Diese Übung baut auf dem Ausfallschritt aus Kap. 5 auf.

6.2 DIE HOCKE

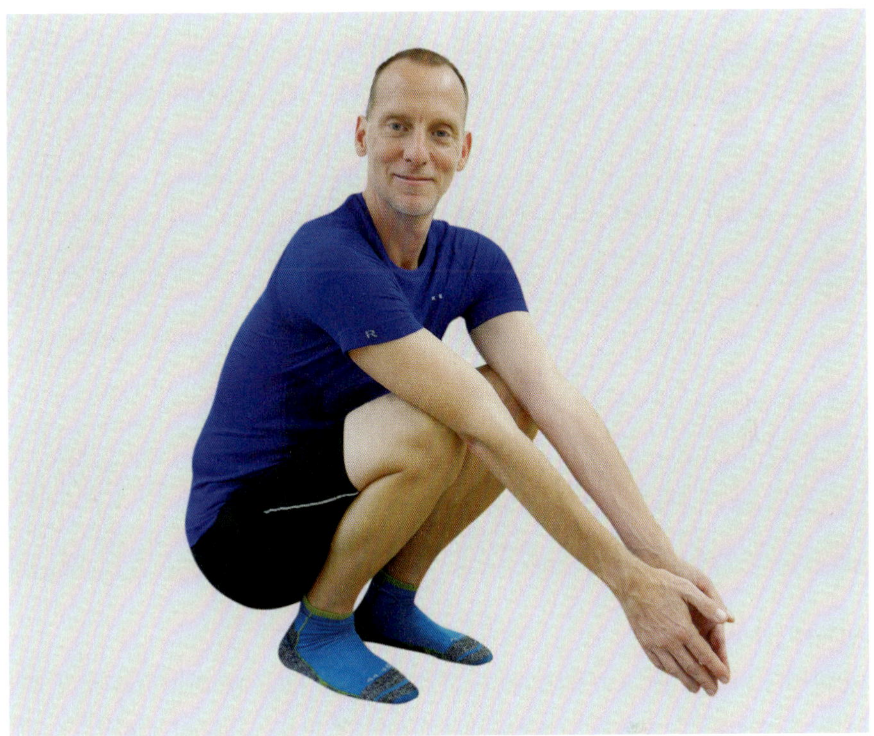

Eine weitere gute Möglichkeit, um das Zusammenspiel von Hüfte, Knie und Sprunggelenk zu verbessern, sowie die Beine zu kräftigen, bietet die Hocke.

Aber an die Hocke muss man sich annähern.

Übungsbeschreibung:
Absolvieren Sie die Kniebeuge immer so tief, wie Sie können, und versuchen Sie, langsam (im Laufe der Trainingseinheiten) immer tiefer zu kommen. Lassen Sie Ihrem Körper Zeit, um sich anzupassen.

Verbessern Sie nicht nur Ihre Kraft, sondern auch das Zusammenspiel von Hüfte, Knie und Sprunggelenk.

6.3 EINBEINIGE KNIEBEUGE

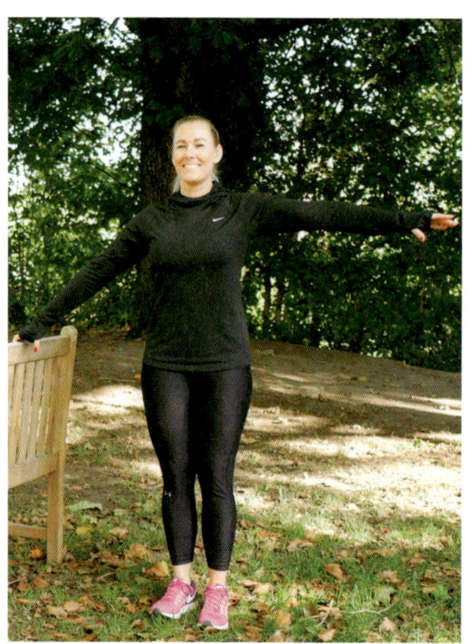

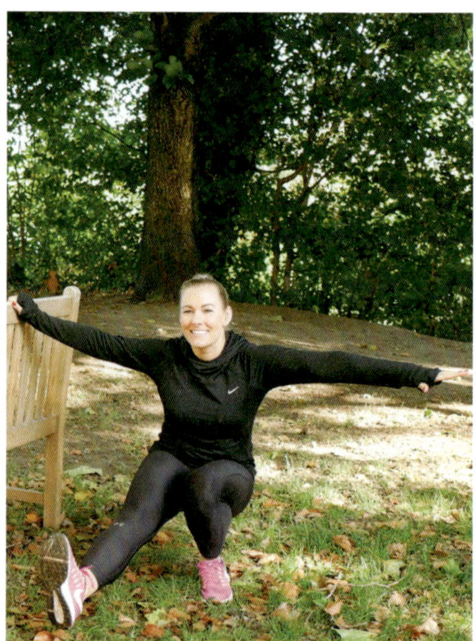

Ausgangsposition:

Stellen Sie sich aufrecht seitlich hinter eine Bank. Ihr Kopf ist in Verlängerung der Wirbelsäule und Ihr rechter Arm hält sich an der Lehne fest. Dies ist Ihre Ausgangsposition.

Übungsbeschreibung:

Strecken Sie nun das rechte Bein nach vorne. Beugen Sie dabei Ihr linkes Bein zur Kniebeuge. Halten Sie diese Position einen kurzen Moment und drücken Sie sich mit dem linken Bein wieder hoch. Senken Sie Ihr rechtes Bein wieder ab. Drehen Sie sich nun um und absolvieren Sie die Übung mit dem jeweils anderen Bein.

Diese Übung baut auf der Kniebeuge aus Kap. 5 auf.

Sie können auch gerne versuchen, diese Übung ohne Zuhilfenahme der Bank zu absolvieren. Das stellt Ihre Kraft und Balance auf eine sehr harte Probe!

6.4 SPRUNGTECHNIKEN

Beim Laufschritt haben wir immer eine gewisse Flugphase.

Daher wird die Bewegung des Laufens sehr gerne auch als eine Aneinanderreihung von Sprüngen bezeichnet.

Warum ist dies nun so wichtig für Sie zu wissen?

Ganz einfach, weil Sie nun besser verstehen können, warum in diesem Kapitel diverse „Sprungübungen" zu finden sind. Denn auch Sprünge machen Ihr Laufen wesentlich besser.

ÜBRIGENS:

Erschrecken Sie bitte nicht! Gesprungene Bewegungen erfordern immer einen höheren Bedarf an Sauerstoff. Nutzen Sie Kap. 3, um gut und richtig durchzuatmen!

Durch eine verbesserte Motorik beim Springen und Landen wird Ihr Laufen definitiv besser, nicht nur, wenn es darum geht, über eine Pfütze zu springen, sondern auch bei der Sprung- und Landephase des Laufens.

6.4.1 Beidbeinige Sprünge mit Stopp

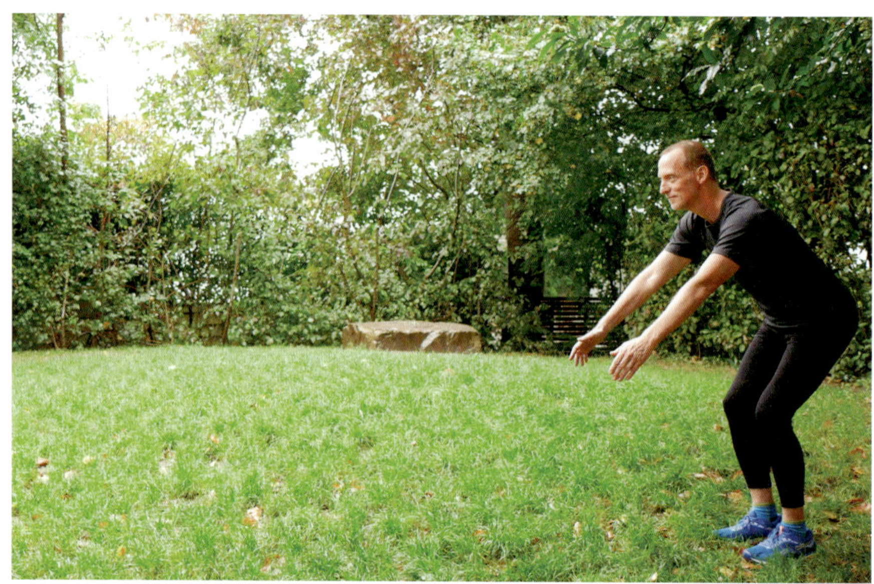

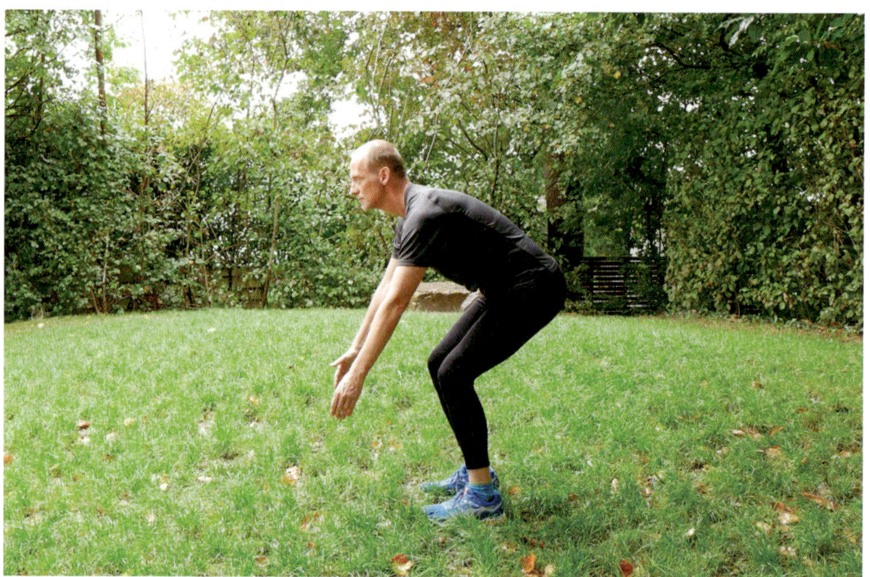

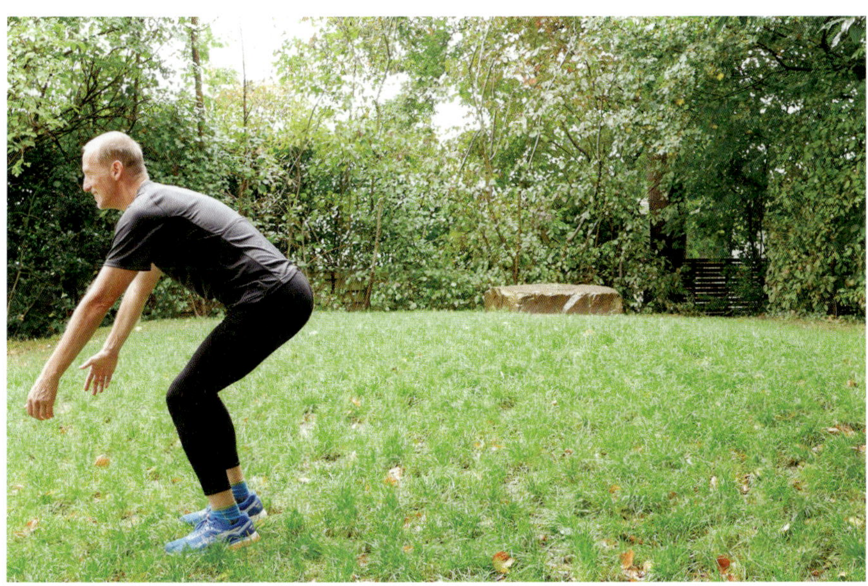

Ausgangsposition:
Stellen Sie sich gerade hin, die Beine stehen hüftbreit auseinander.

Übungsbeschreibung:
Spannen Sie nun den Bauch an. Gehen Sie nun in die Knie, holen mit den Armen Schwung und springen Sie aus den Beinen kraftvoll hoch. Versuchen Sie dabei, so weit wie möglich nach vorne zu springen. Landen Sie federnd und sicher mit beiden Beinen auf den Ballen und bleiben Sie stehen. Sammeln Sie sich, holen Sie neu Schwung und springen Sie erneut.

6.4.2 Beidbeinige Sprünge ohne Stopp

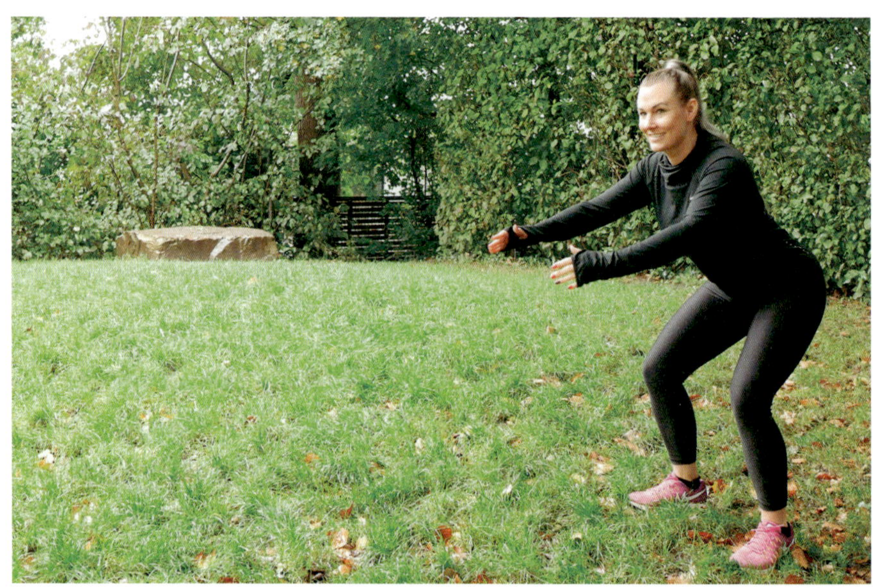

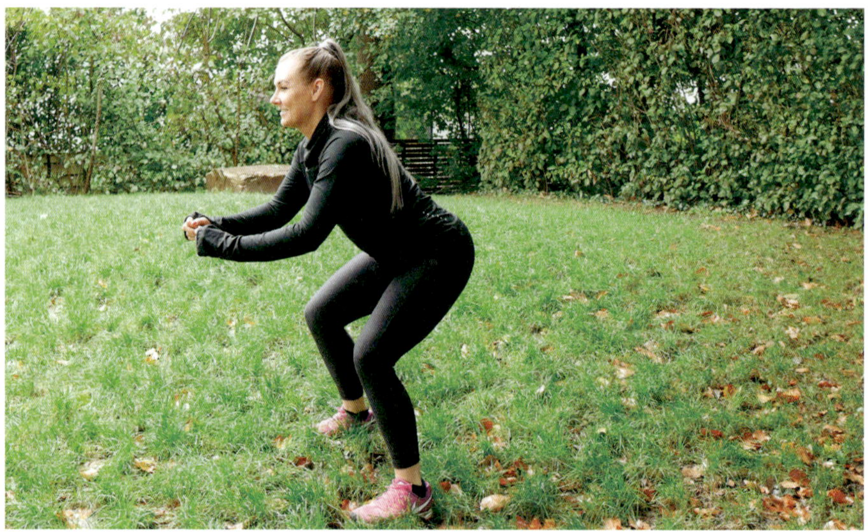

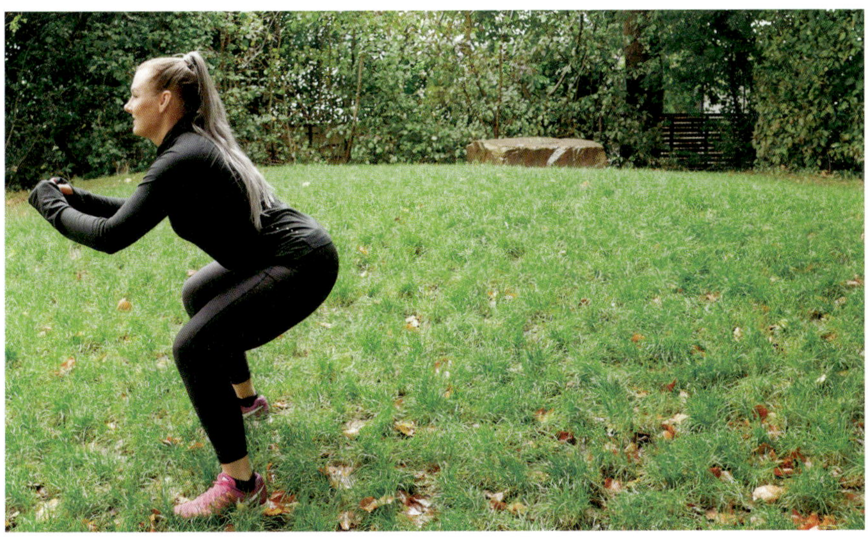

Ausgangsposition:

Stellen Sie sich gerade hin, die Beine stehen hüftbreit auseinander.

Übungsbeschreibung:

Spannen Sie nun den Bauch an. Gehen Sie nun in die Knie, holen Sie mit den Armen Schwung und springen Sie aus den Beinen kraftvoll hoch. Versuchen Sie, dabei so weit wie möglich nach vorne zu springen. Landen Sie federnd und springen Sie direkt weiter.

6.4.3 Einbeinige Sprungvariante

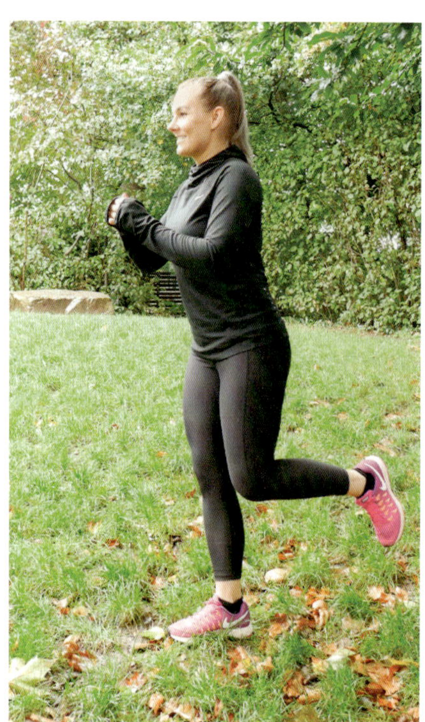

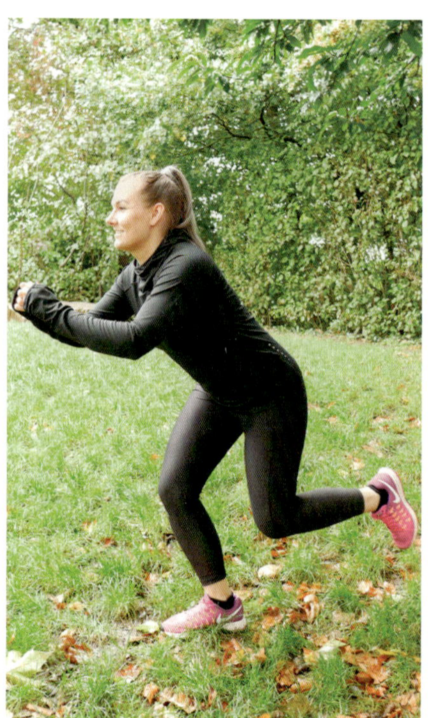

Übungsbeschreibung:

Absolvieren Sie die beidbeinigen Sprünge mit Stopp und ohne Stopp nur mit einem Bein. Wiederholen Sie jeweils den absolvierten Durchgang auch mit dem anderen Bein!

Sie werden sicher bemerken, dass die einbeinige Variante nicht nur schwerer in der Kraftbereitstellung ist, sondern auch Ihre Balance extrem fordert und dadurch fördert!

6.4.4 Box Jumps, die Kniebeuge mit Sprung (Treppe)

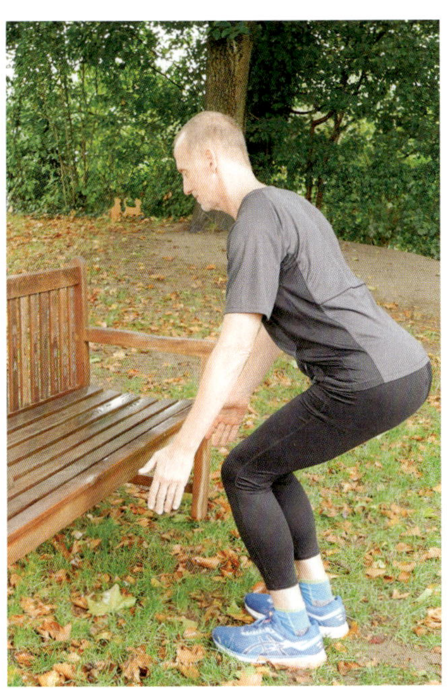

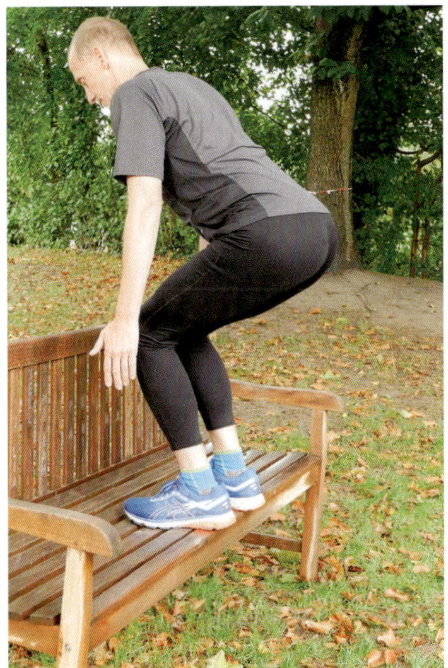

Vereinen wir nun die Vorteile einer Kniebeuge für den Läufer mit den Vorteilen des Springens für den Läufer!

Ausgangsposition:
Stellen Sie sich direkt vor eine Treppe oder eine Bank und absolvieren Sie eine Kniebeuge.

Übungsbeschreibung:
Schnellen Sie nun aus der tiefsten Position explosionsartig hoch und springen Sie dabei auf die nächste Stufe. Landen Sie sanft und federnd in der unteren Kniebeugeposition.

ÜBRIGENS:

Die „Kniebeuge mit Sprung" können Sie natürlich auf flachem Terrain, an einer Steigung oder sogar mit einer (sicheren, stabilen) Parkbank absolvieren.

6.4.5 Frog Jumps, die Hocke mit Sprung

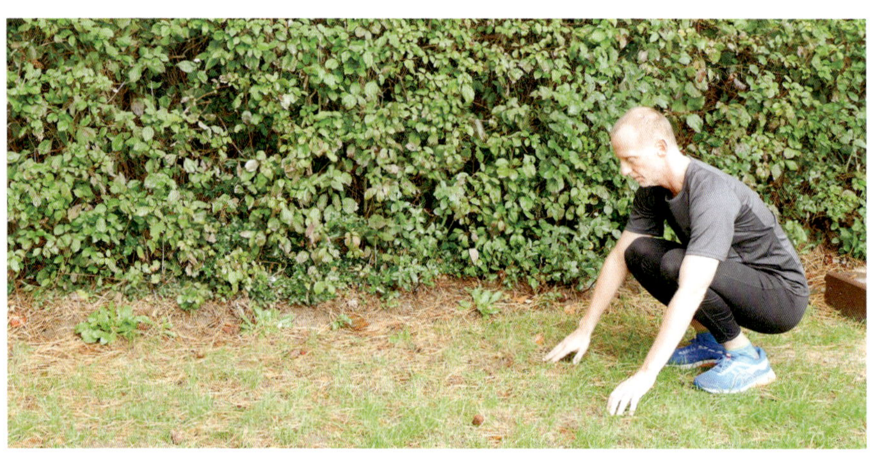

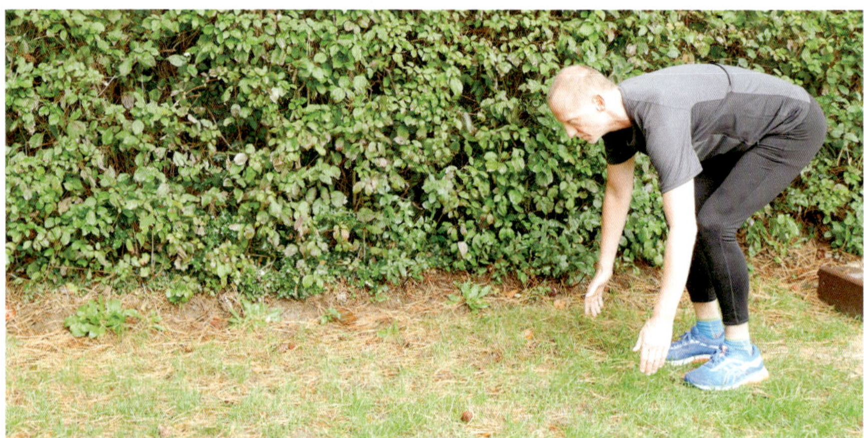

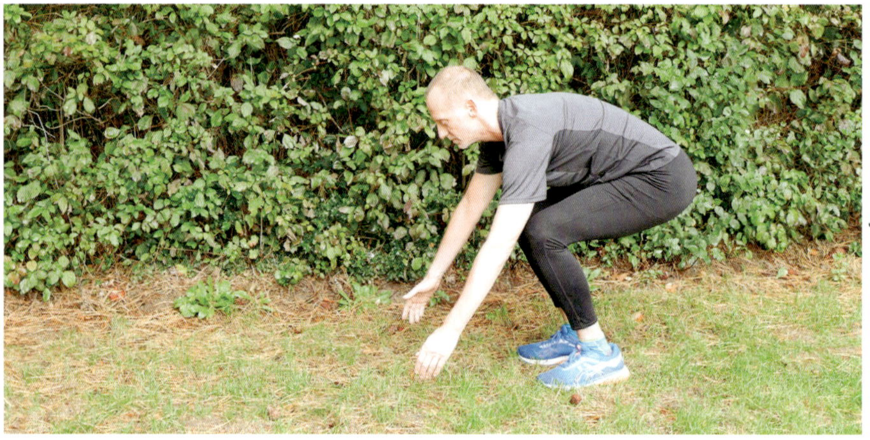

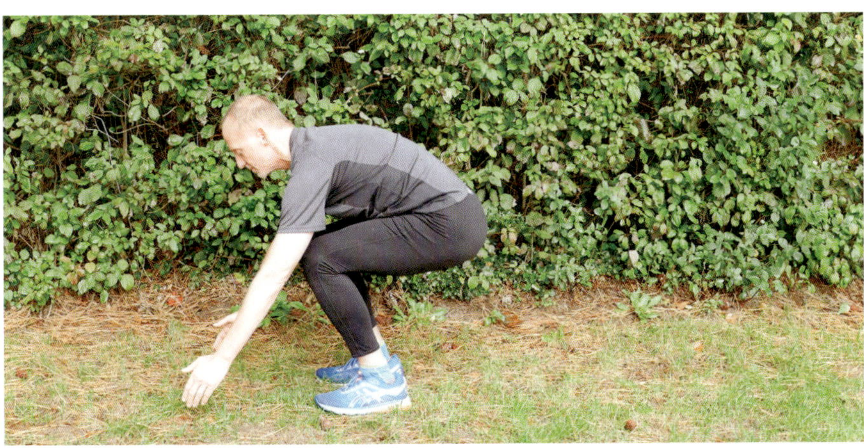

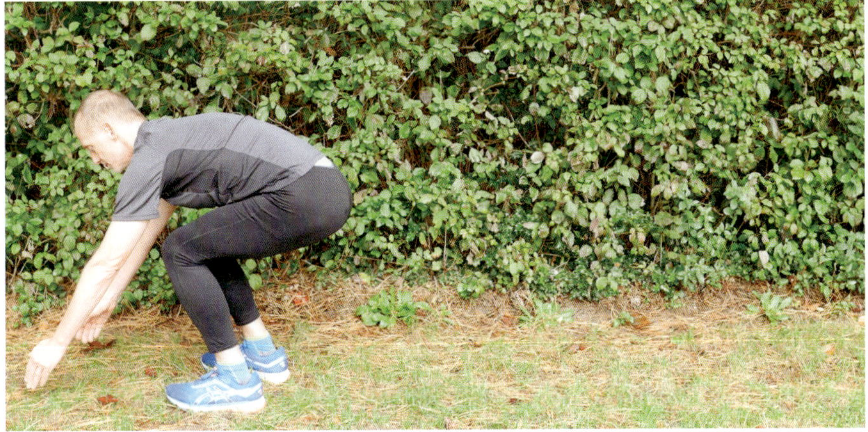

Vereinen wir nun die Vorteile einer Hocke für den Läufer mit den Vorteilen des Springens für den Läufer!

Ausgangsposition:
Gehen Sie in die Hockeposition.

Übungsbeschreibung:
Berühren Sie nun mit beiden Handflächen den Boden und springen Sie nun aus dieser tiefsten Position explosionsartig hoch und nach vorne. Landen Sie sanft und federnd in der tiefen Hockeposition.

6.4.6 Iron Mikes, die Ausfallschritte mit Sprung

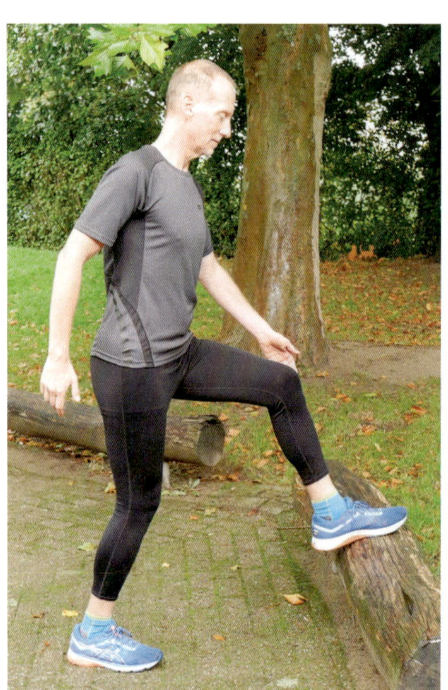

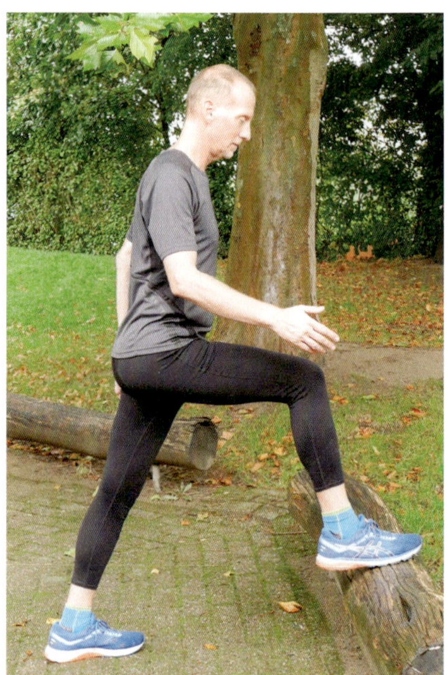

Vereinen wir nun die Vorteile des Ausfallschritts für den Läufer mit den Vorteilen des Springens für den Läufer!

Ausgangsposition:
Gehen Sie nach vorne in einen tiefen Ausfallschritt. Das rechte Bein ist vorne.

Übungsbeschreibung:
Springen Sie explosionsartig auf der Stelle mit dem rechten Bein zurück und mit dem linken Bein nach vorne und bilden Sie so einen tiefen Ausfallschritt, bei dem das linke Bein vorne ist. Wechseln Sie im schnellen Tempo.

ÜBRIGENS:

Hier ist ein Beispiel an einem liegenden Baumstamm zu sehen. Es könnte aber auch eine Treppe sein oder ebenerdig.

6.5 BEISPIEL FÜR EINE DOSIERUNG

Diese Übungen können Sie gerne als Einzelübungen mit Pausen dazwischen absolvieren oder eine Auswahl in Ihr Laufen einbauen. Absolvieren Sie zum Beispiel während des Laufens ein paar gehende Ausfallschritte. Oder halten Sie kurz an einer Parkbank und machen die Ausfallschritte an der Bank usw.

Gerne können Sie auch all diese Übungen als ein separates Training durchführen.

DOSIERUNG:

Je Übung: 3 x 10 Wiederholungen (je Seite)/90 Sekunden Satzpause/120 Sekunden Pause zwischen den Übungen.

Diese Art von Kräftigung benötigt Regenerationszeit, also planen Sie dieses Programm nicht jeden Tag ein. In unserem Beispiel-Wochentrainingsplan ist es mittwochs vorgesehen.

Montag: Rumpf
Dienstag: Oberkörper
*Mittwoch: **Beine***
Donnerstag: Rumpf
Freitag: Oberkörper
*Samstag: **Beine**/„Bewegungsmuster"*
Sonntag: frei

***Lauftransfer:** Kräftigung der Beine, Verbesserung des Vortriebs, Verbesserung der Hüfstreckung, Verlängerung der Schrittlänge und Verbesserung der Balance für ein kraftvolleres, effizienteres und ökonomischeres Laufen!*

***Alltagstransfer:** Steigerung der Beinkraft und des Vortriebs, zum Beispiel beim Treppensteigen!*

ÜBRIGENS:

Mit diesem Programm haben Sie die folgenden motorischen Fähigkeiten trainiert: Kraft, Beweglichkeit, Koordination und Schnelligkeit.

Durch eine kluge Kräftigung Ihrer Beine wird Ihr Laufen definitiv besser!
Und genau das leistet dieses Übungsprogramm.

6.6 BEISPIEL FÜR EINEN „VERBUNDPLAN“

Hier werden die Kap. 2, 3, 5 und 6 miteinander verbunden.

1	„Mobilisierung der Gelenke“ aus dem „Warm-up“ aus Kap. 2	
2	Warmlaufen (gegebenenfalls auf der Stelle)	3 Minuten
3	„Eine Distanz im Ausfallschritt gehen“ aus Kap. 5	1 x 10 m
4	„Extrem lange Ausfallschritte“ aus Kap. 5	1 x 10 m
5	Lockeres Laufen (gegebenenfalls auf der Stelle)	2 Minuten
6	„Kniebeuge“ aus Kap. 5	3 x 10 Stück (Satzpause 60 Sekunden)
7	„Beidbeinige Sprünge mit Stopp“ aus Kap. 6	1 x 10 m
8	„Beidbeinige Sprünge ohne Stopp“ aus Kap. 6	1 x 10 m
9	„Einbeinige Sprungvariante“ aus Kap. 6	1 x 5 m rechtes Bein 1 x 5 m linkes Bein
10	„Iron Mikes“ aus Kap. 6	Anzahl nach Belieben
11	„Gutes Auslaufen und bewusstes Atmen“ aus Kap. 2 und Kap. 3	Mindestens fünf Minuten

Dies ist nur ein Beispiel, wie Sie selbst einzelne Elemente aus diversen Übungsprogrammen zu einer Trainingseinheit verbinden können.

Der Zugewinn für das Laufen liegt auf der Hand!

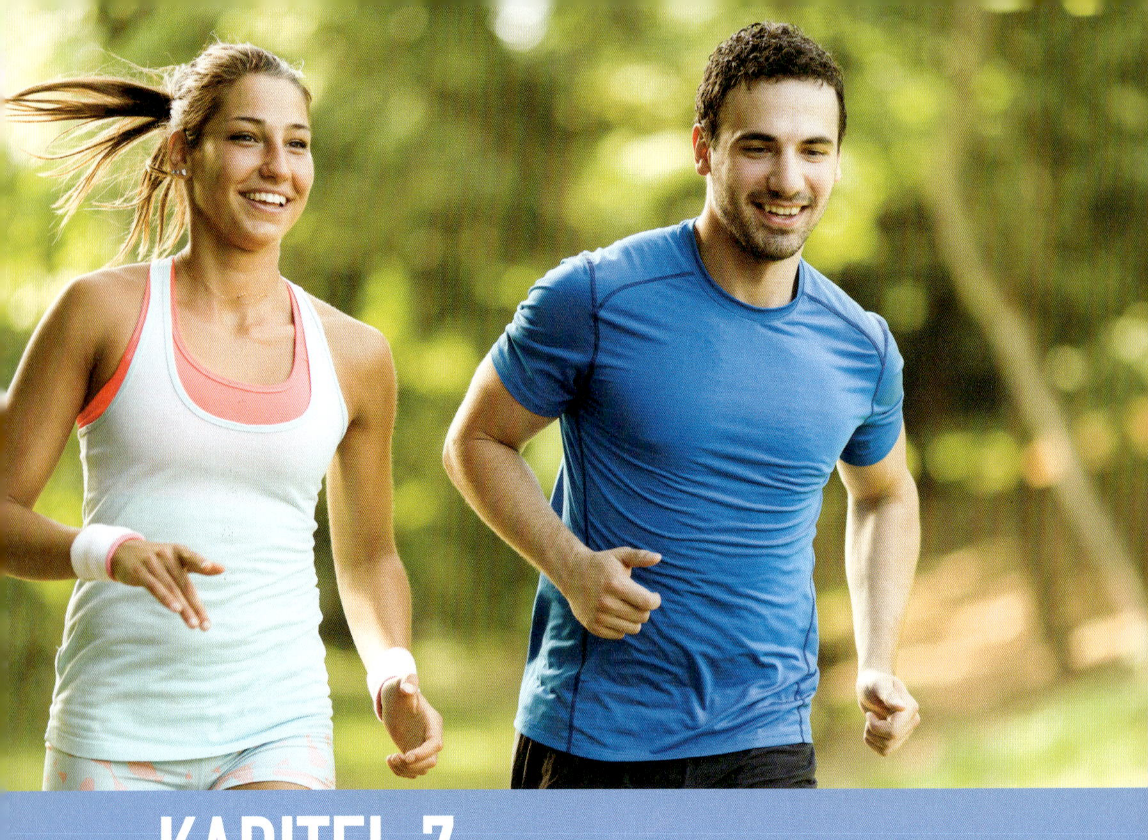

KAPITEL 7

7 MENTALTRAINING

Eigentlich ist dieses Kapitel auf den ersten Blick für Sie etwas überflüssig. Denn dank ihrem „freien Laufen", welches keinen Zwängen von Lauftrainingsplänen unterliegt, kommen Sie vermutlich erst gar nicht in die Situation, dass Sie mental aufgebaut werden oder sich darauf fokussieren müssten.

Gleichzeitig merken Sie, dass Ihr Laufen sich durch das Absolvieren eines oder mehrerer Übungsprogramme aus diesem Buch ohnehin verbessert, also ökonomischer, effizienter und leistungsstärker wird und dies nicht nur auf physischer, sondern auch auf psychischer Ebene.

WAS BRINGT IHNEN DIESES KAPITEL?

Wodurch wird in diesem Kapitel Ihr Laufen/Ihre Laufleistung besser?

- » *Begegnen Sie mentalen Limitierungen und lassen Sie negativen Gedanken keine Chance.*
- » *Werden Sie auch im Alltag noch entspannter durch den Ausgleich durch das Laufen.*
- » *Werden Sie auch im Alltag mental stärker.*
- » *Sie werden durch diesen Baustein nachhaltig einfach besser.*

Dennoch möchte ich Ihnen die Möglichkeit des zusätzlichen Leistungszuwachses durch Mentaltraining nicht nehmen.

Grundsätzlich sollten Sie Folgendes bei mentalen negativen Einbrüchen überprüfen und entsprechend handeln:

1. *Hat dies gesundheitliche Gründe? Wenn ja, bitte das Training sofort abbrechen und Maßnahmen einleiten. Gegebenenfalls bitte einen Arzt konsultieren!*
2. *Ist die Dosierung der Bewegung zu hoch? Dann bitte passen Sie die Dosierung Ihrer Tagesform an.*
3. *Haben Sie die Regenerationszeiten beachtet? Wenn nein, dann bitte brechen Sie die Bewegung ab oder passen Sie diese an.*

Wenn diese Punkte bei Ihnen aber alle in Ordnung sind, dann verwenden Sie das Mentalprogramm.

7.1 MENTALER DIALOG

Die erste Maßnahme wäre, die negativen Gedanken positiv im Dialog zu widerlegen.

Bei aller Liebe zum Laufen und bei aller Vorfreude auf die nächste Trainingseinheit kann es manchmal vorkommen, dass die Einheit nicht so „läuft", wie sie sollte.

Vielleicht keimt dabei ein negatives Gefühl auf, wie Ärger oder Stress, der Ihnen dann die aktuelle Lauf-/Trainingseinheit immer mühseliger erscheinen lässt. Sie sind erstaunt und perplex, weil sich Ihr Laufen tatsächlich grundsätzlich anders anfühlt. Sie vermissen das freie, frische, starke Laufen, welches Ihnen dieses Buch vermittelt.

Wenn eine solche Situation auftritt, dann überprüfen Sie bitte zuallererst, ob gesundheitliche Gründe dafür vorliegen. Falls ja, dann brechen Sie bitte Ihre Lauf-/Trainingseinheit sofort ab und konsultieren Sie gegebenenfalls einen Arzt.

Falls nein, dann überprüfen Sie bitte die Dosierung Ihrer Lauf-/Trainingseinheit (vgl. Kap. 1) sowie Ihre Regenerationszeiten. Sind Sie ausgeruht genug? (vgl. Kap. 1)

Sollten Sie feststellen, dass die Dosierung Ihrer Lauf-/Trainingseinheit zu hoch ist, dann reduzieren Sie diese einfach zunächst einmal und trainieren dann weiter. Das ist weder schlimm noch ein Grund, um sich zu ärgern.

Wenn Sie erkennen, dass Ihre Regenerationszeit zu kurz war, dann brechen Sie das Training einfach ab oder trainieren andere muskuläre Bereiche.

Wenn aber Ihre Analyse ergibt, dass alles in Ordnung ist (Gesundheit, Dosierung, Regeneration) und dennoch Ihre innere Stimme Ihnen Aussagen wie: *„Das ist heute nicht dein Tag"*, suggeriert, dann wird es Zeit, den mentalen Turbo zu zünden!

Die einfachste Methode ist tatsächlich „Feuer mit Feuer zu bekämpfen".

Soll heißen, widersprechen Sie Ihrer inneren Stimme, die Ihnen sagt: *„Heute ist nicht mein Tag."* Geben Sie eine Antwort, die Ihrer inneren Überzeugung entspricht!

Wie könnte diese authentische Aussage lauten?

Statt: *„Heute ist nicht mein Tag"*, ein beherztes: *„Ja, das mag schon sein, aber damit der Tag wieder besser wird, genieße ich mein Laufen."* Oder wenn es sich um eine Trainingseinheit aus diesem Buch handelt: *„Ja, das mag schon sein, aber damit mein Laufen noch besser wird und ich zusätzlich im Leben mobiler bleibe, absolviere ich sehr gerne diese Einheit."*

Überzeugen Sie Ihre negative Stimme mit Ihrer authentischen positiven Meinung!

Sie können natürlich auch dialogunabhängige Mantras benutzen. Wie zum Beispiel:

» „Moving for Life!"
» „Ich tue, was ich liebe!"
» „Wer rastet, der rostet!"
» „Ich bin ich, daher laufe ich!"

ANMERKUNG:

Bei meinen Ultraläufen war es immer sehr hilf- und erfolgreich, meinen Gedanken (Zum Beispiel bei Kilometer 76 die Frage: „Warum machst du das eigentlich?") positiv zu begegnen (Antwort: „Weil ich es kann und liebe!").

Seien Sie sich in solchen Situationen auch mal bewusst, wie Sie sich läuferisch bereits entwickelt haben. Wie waren Ihre Anfänge und wie laufen Sie jetzt? Wir Menschen neigen dazu, uns über das zu ärgern, was wir noch nicht haben, beziehungsweise über das, was gerade nicht funktioniert, anstatt sich über das zu freuen, was man bereits erreicht und entwickelt hat.

Oder konzentrieren Sie sich auf das „Wesentliche".

7.2 SICH AUF DAS „WESENTLICHE“ KONZENTRIEREN

Eine weitere sehr gute Möglichkeit, der mentalen Limitierung zu begegnen, ist es, Ihren Geist zu schärfen, zu bündeln und gegebenenfalls neu auszurichten. Oder viel einfacher ausgedrückt: sich wieder auf das „Wesentliche“ zu konzentrieren.

Die Frage ist nur:

» Was genau ist das „Wesentliche“?
» Was ist bei Ihrem Laufen für Sie das Wesentliche?
» Die Freiheit?
» Zu spüren, wie das Laufen positiv auf Sie wirkt?
» Zu fühlen, was Laufen für Sie persönlich bedeutet?
» Die Leidenschaft?
» Der Ausgleich?
» Die Zeit für sich?
» Die Natur/die Umgebung zu genießen?

Sie sehen Fragen über Fragen, und das Schöne ist, all diese Fragen haben etwas gemeinsam. Jede dieser Fragen verkörpert etwas Wunderbares und unbezahlbar Wertvolles für Sie!

Das heißt, sollte sich in Ihnen ein mental negatives Hinterfragen Ihres aktuellen Tuns aufbauen, dann konzentrieren Sie sich auf den absolut wesentlichen Grund Ihrer Bewegung. Gehen Sie ruhig noch einen Schritt weiter und FÜHLEN Sie auch das Wesentliche!

Wenn bei Ihnen zum Beispiel beim Laufen das Wesentliche „die Freiheit in der Natur“ ist, und beim Laufen der Gedanke auf einmal in Ihnen aufkeimt: *„Heute ist nicht mein Tag“*, und dieser Gedanke das Kommando übernehmen will, dann bündeln Sie Ihre Gedanken in Richtung Ihrer Freiheit, durch die Natur zu laufen.

Besser: Fühlen Sie, wie Sie frei durch die Natur laufen: Spüren Sie den Wind beim Laufen in Ihrem Gesicht, die Wärme der Sonne oder das Prasseln des Regens auf Ihrer Kleidung. Lauschen Sie dem Gezwitscher der Vögel . . . Genießen und fühlen Sie gerade das Wesentliche, was für Ihr Laufen steht und lassen Sie dadurch den negativen Gedanken wie den Nebel, der sich durch die Sonne auflöst, verblassen und verschwinden.

7.3 BEIM LAUFEN DENKEN ODER ABSCHALTEN

Sie können beim Laufen, aber auch (vielleicht) situationsbedingt, Ihrer Wahrnehmung eine ganz andere Richtung geben.

Hierbei richten Sie Ihre Wahrnehmung nicht nach außen (auf die Schönheit der Natur, die Sonne auf der Haut, das Zwitschern der Vögel, den Pfiff des Murmeltiers), sondern in Ihren Körper nach innen. Lauschen Sie zum Beispiel Ihrer eigenen Atmung und genießen Sie diese. Gegebenenfalls optimieren Sie diese.

Oder wenden Sie sich Ihrem Geist und Ihren Gedanken gezielt zu. Durchdenken Sie zum Beispiel eine Aufgabe oder Situation, welche Sie beruflich oder privat „auf Trab hält".

ANMERKUNG

Meine besten Lösungen meiner persönlichen Probleme oder die besten Ideen für meine Konzepte und Bücher hatte ich ausnahmslos während des Laufens oder beim Training.

Werden Sie beim Laufen eins mit dem Thema Ihrer Wahl. Oder lassen Sie Gedanken einfach ihren Lauf. Wenn diese zu negativ werden, dann begegnen Sie diesen mit den Methoden des mentalen Trainings.

ANMERKUNG

Oftmals gab es beim Laufen die Situation, dass ich mir die Frage stellen musste: „Wie bist du eigentlich die letzten 10 km gelaufen?"

Das heißt, ich war so in meine Gedanken versunken (oder auch in die Leere meines Geistes), dass ich zwar gelaufen bin, aber dieses nicht als solches wahrnahm.

Ich floss dahin. Der „Flow" ergriff mich und nahm mich mit.

Natürlich hatte das Unterbewusstsein das Laufen überwacht und mich wohlbehütet über Stock und Stein gelotst, aber mein eigener Autopilot hatte übernommen.

Wenn Sie das Laufen lieben, das Laufen richtig dosieren und durch die in diesem Praxisbuch vorhandenen Programme unterstützen, dann kann Laufen zur Meditation in der Bewegung werden – wenn Sie das wünschen und zulassen.

Durch das Steuern Ihrer mentalen Ausrichtung werden Sie frei oder fokussierter im Kopf und dadurch wird Ihr Laufen definitiv besser.

Und genau das wird durch dieses Kapitel gewährleistet.

***Lauftransfer:** Auf den Körper und Geist hören und reagieren!*

***Alltagstransfer:** Werden Sie auch im Alltag mental stark oder fokussiert!*

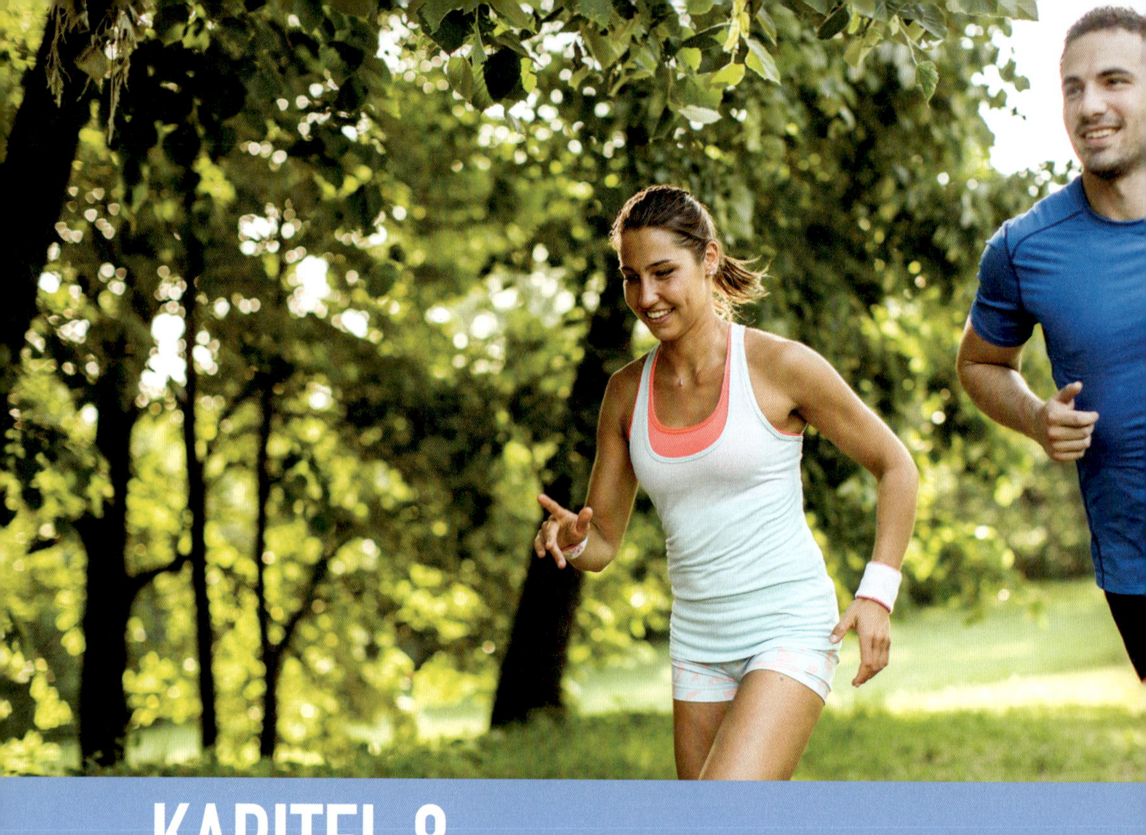

KAPITEL 8

8 ATHLETIKTRAINING UND FUNCTIONAL TRAINING – DER STARKE WEG ZUM BESSEREN LAUFEN

Wie bereits schon bei anderen Programmen dieses Buchs festgestellt, laufen beim Laufen nicht nur Ihre Beine, sondern tatsächlich Ihr gesamter Körper. Sie wären also gut beraten, im Sinne des besseren Laufens das Laufen als ganzheitliche Aufgabe des Körpers zu sehen. Und das macht das Laufen ja so enorm wertvoll. Es läuft beim Laufen also der Kopf mit (der Geist/mental), alle Gelenke, Bänder, Sehnen usw.

WAS BRINGT IHNEN DIESES PROGRAMM?

Wodurch wird in diesem Kapitel Ihr Laufen/Ihre Laufleistung besser?

» *Formen Sie einen athletischen und funktionalen Laufkörper.*

» *Werden Sie auch im Alltag stark und fit.*

» *Sie werden durch diesen Baustein nachhaltig einfach besser.*

Mehrgelenkige Übungsabläufe sind für die Entwicklung des trainierten Körpers also von höchster Bedeutung. Dies können Sie mit einem Set aus funktionalen Einzelübungen gewährleisten oder auch durch die Integration gewisser Ganzkörperübungen. Beides finden Sie in diesem Kapitel. Und das Beste: Die motorischen Fähigkeiten (Kraft, Ausdauer, Beweglichkeit, Koordination, Schnelligkeit) sind auch „stark" vertreten.

8.1 „UND ACTION!"

Ein schöner Einstieg in dieses Programm bieten die beiden folgenden Übungen. Sie werden feststellen, diese Übungen fordern Ihre Bewegung und Ihre Atmung auf ihre ganz eigene Art und Weise.

Die beiden nachfolgenden Übungen eignen sich hervorragend entweder als „Stand-Alone"-Übungen sowie als Atmung und Herz-Kreislauf-System anregende Warm-up-Übungen.

Zuvor führen Sie bitte grundsätzlich die „Mobilisierung der Gelenke" aus.

8.1.1 Hampelmänner

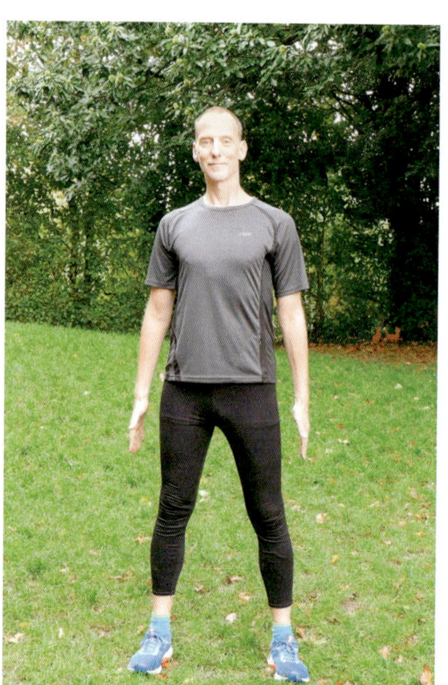

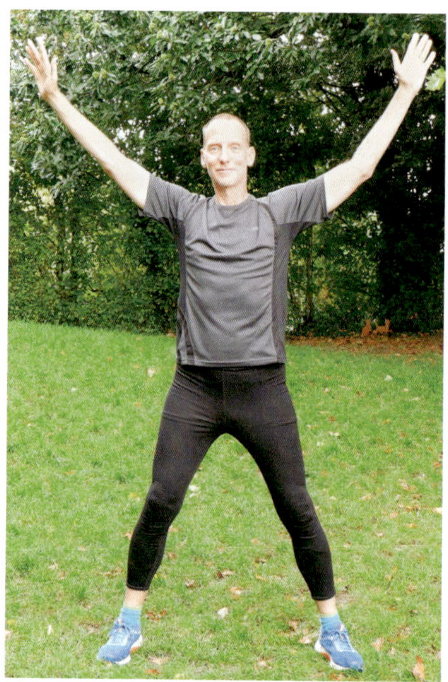

Ausgangsposition:

Stellen Sie sich gerade hin. Ihre Hände liegen seitlich am Körper.

Übungsbeschreibung:

Springen Sie explosionsartig mit Ihren Beinen nach außen und führen Sie Ihre Arme nach oben, um sofort wieder in die Ausgangsposition zurückzuspringen. Führen Sie die vorgegebene Wiederholungszahl möglich fließend ohne Pause aus.

8.1.2 Seilspringen

Wer kennt diese Übung nicht? Die Klassikerübung der Boxer für Ausdauer, Koordination und eine optimale Fußarbeit.

Ideale Eigenschaften auch für jeden Läufer.

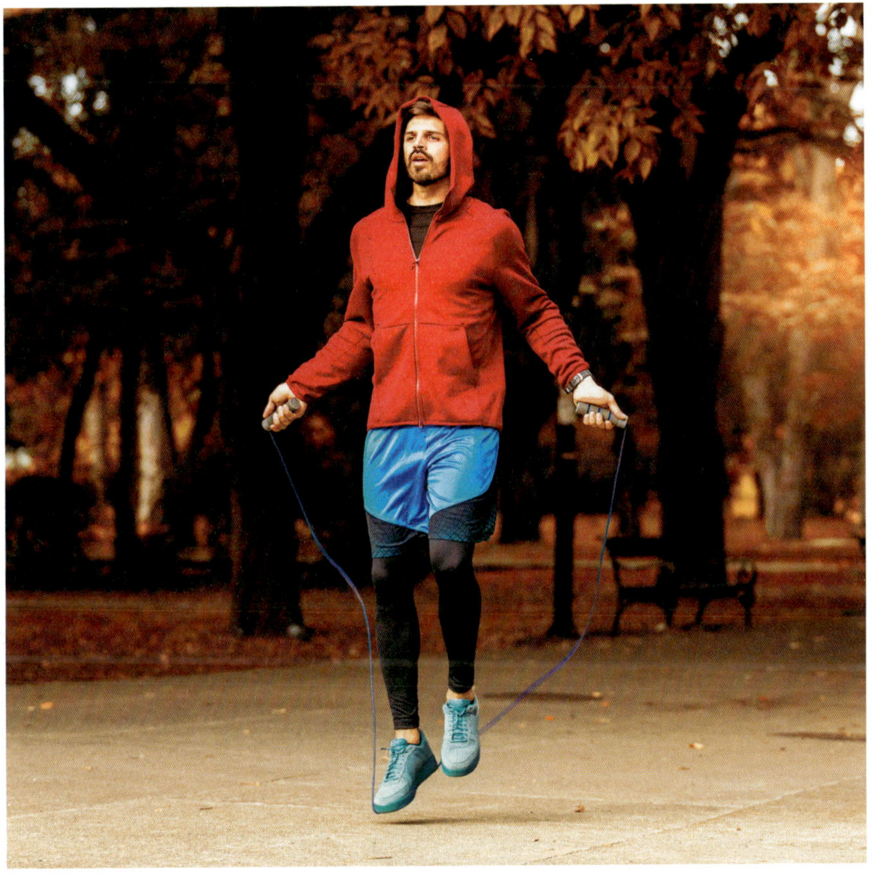

Durch ein verbessertes und synchronisiertes Springen und Landen wird Ihr Laufen definitiv besser!

8.2 FUNKTIONALES TRAINING

Dass das Laufen „funktional" für uns Menschen ist, haben Sie in diesem Buch ja bereits gelesen. Es ist einfach eine natürliche Bewegung (wenn nicht sogar DIE natürlichste Bewegung!) für uns.

Wenn Sie dies nun im Hinterkopf behalten und zusätzlich die Einleitung zu diesem Kapitel Revue passieren lassen, dann werden Sie sich vielleicht fragen, ob es noch mehr natürliche Bewegungen gibt und ob es Sinn macht, diese in Bezug auf das Laufen zu trainieren.

Ich kann Ihnen antworten und versichern:

Ja! Diese Bewegungen gibt es!

Ja! Es macht absolut Sinn, diese zu trainieren.

Diese Trainingsform nennt sich *funktionales Training* und beinhaltet die nur für uns Menschen natürlichen Bewegungen.

8.2.1 Push

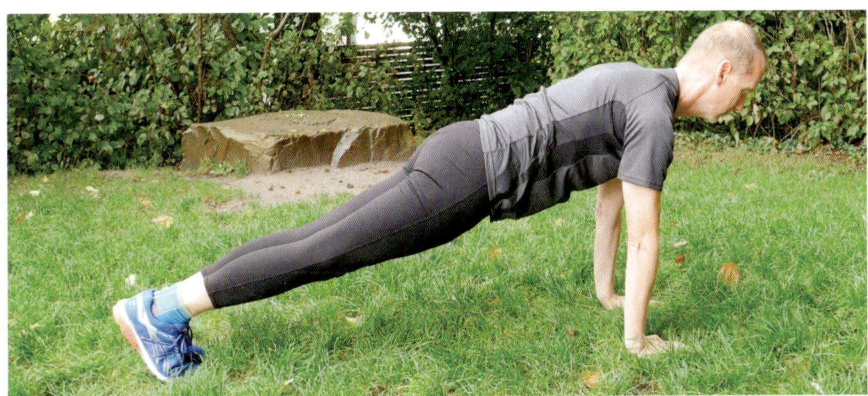

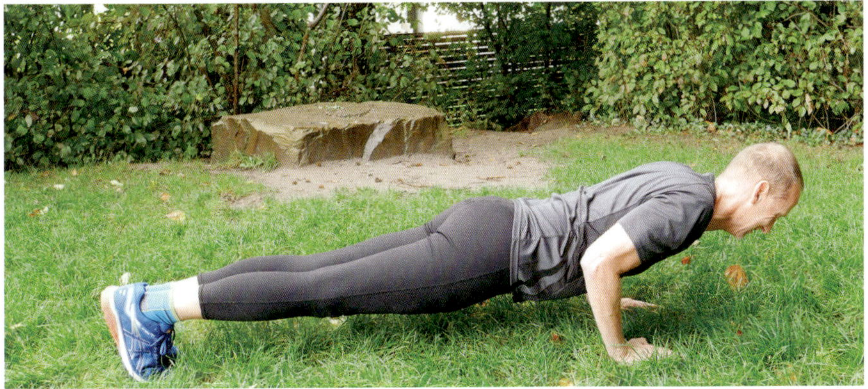

Ausgangsposition:

Gehen Sie in die obere Liegestützposition. Ihre Hände sind direkt unter Ihren Schultern. Stellen Sie Ihre Füße und Beine zusammen. Spannen Sie Ihren Bauch an.

Übungsbeschreibung:

Beugen Sie nun Ihre Ellbogen, um Ihren Brustkorb dem Boden anzunähern.

Die Ellbogen laufen nahe am Körper entlang. Halten Sie dabei Ihren Rücken gerade. Gehen Sie so tief, wie Sie können. Halten Sie Ihren tiefsten Punkt und drücken Sie sich in die Ausgangsposition zurück. Atmen Sie dabei aus.

Funktional fürs Laufen: *Die Oberkörpervorderseite wird trainiert.*

Funktional für den Alltag: *Kraft bei allen Druck-/Schiebebewegungen im Alltag.*

Sollte Ihnen die Variante des Push-ups (Liegestützes) direkt auf dem Boden zu schwer sein, so ist dies überhaupt kein Problem! Sie können den Widerstand der Übung verändern, indem Sie Folgendes bedenken: Je tiefer Ihr Oberkörper ist, desto schwerer sind die Liegestütze.

Leichter:

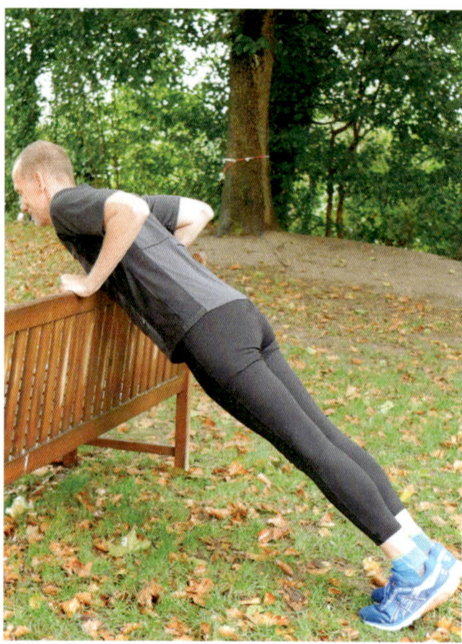

Noch leichter:

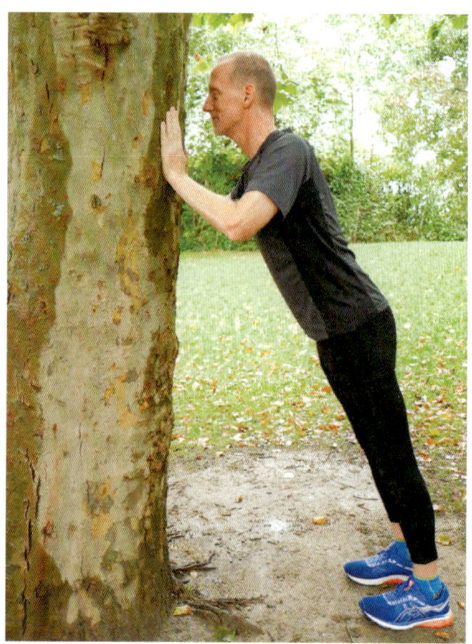

8.2.2 Pull

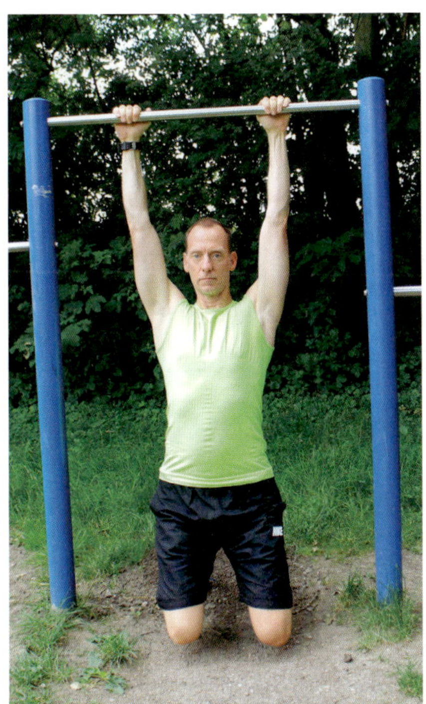

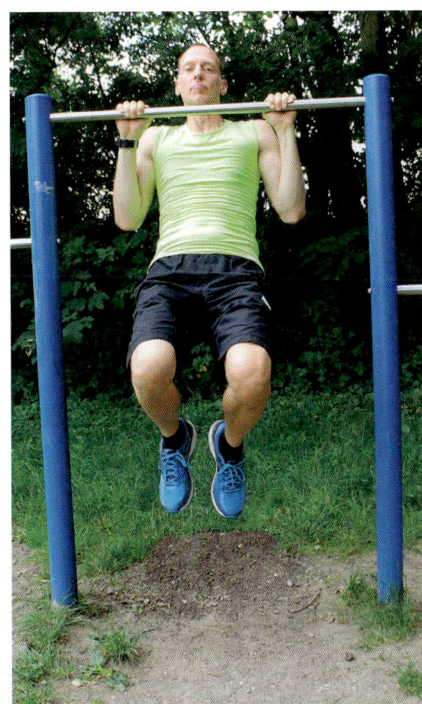

Ausgangsposition:

Bitte hängen Sie sich an die obere Reckstange und ziehen Sie die Beine ein, sodass Sie frei hängen und nicht den Boden berühren. Ihre Arme sind gestreckt und die Hände sind etwa in Schulterbreite auseinander, die Handflächen zeigen zur Stange.

Übungsbeschreibung:

Spannen Sie nun Ihren Bauch an und ziehen Sie sich durch Beugen der Arme nach oben, bis Ihr Kinn über der Stange ist. Halten Sie diese Position für einen kurzen Moment und lassen Sie sich dann langsam wieder zur Ausgangsposition hinab. In der gesamten Bewegung nicht pendeln.

Falls diese Variante zu schwer ist, können Sie diese auch leichter gestalten. Je weniger schräg Ihr Körper ist, desto leichter wird der Widerstand.

Leichter:

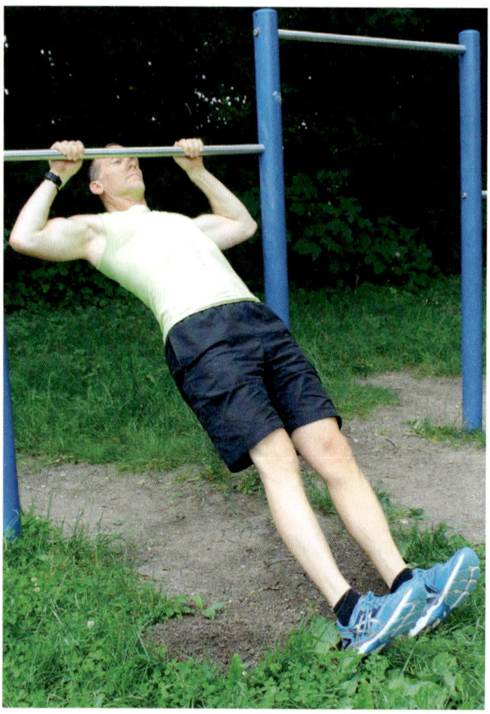

Noch leichter:

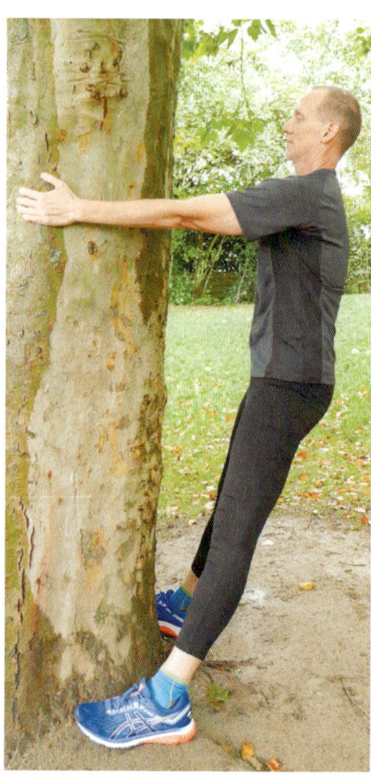

Funktional fürs Laufen: *Die Oberkörperrückseite wird trainiert.*

Funktional für den Alltag: *Kraft bei allen Zugbewegungen im Alltag.*

8.2.3 Squat (Kniebeuge)

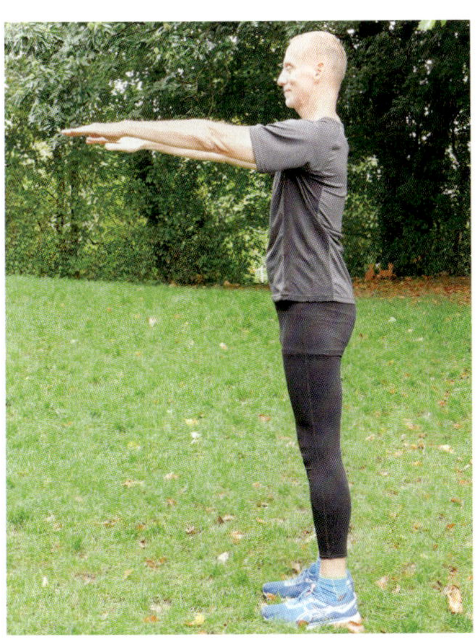

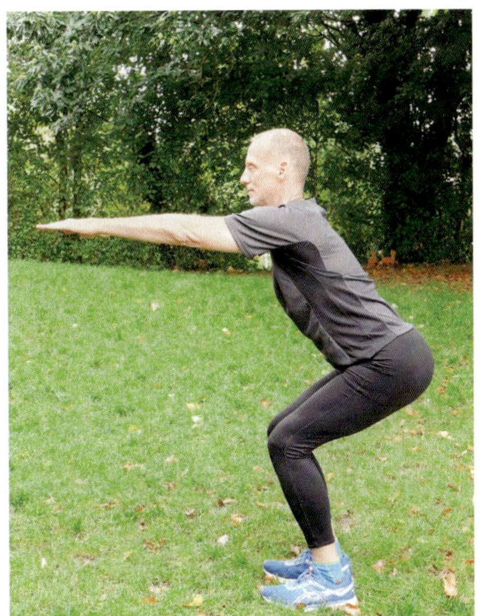

Eine weitere gute Möglichkeit, um das Zusammenspiel von Hüfte, Knie und Sprunggelenk zu trainieren, sowie eine hervorragende Kräftigung der Beine bietet die Kniebeuge.

Ausgangsposition:
Stellen Sie sich aufrecht hin. Die Beine stehen hüftbreit auseinander. Der Bauch ist angespannt. Strecken Sie Ihre Arme aus.

Übungsbeschreibung:
Beugen Sie nun Ihre Beine so, als wollten Sie sich auf einen Stuhl setzen. Achten Sie dabei darauf, dass Ihre Knie nicht über Ihre Fußspitzen ragen. Gehen Sie in diese Bewegung, so tief Sie können. Halten Sie den tiefsten Punkt für einen Moment und gehen Sie dann langsam in die aufrechte Ausgangsposition zurück.

Funktional fürs Laufen: *Beinkraft sowie das Zusammenspiel von Hüfte, Knie, Sprunggelenk wird trainiert.*

Funktional für den Alltag: *Kraft beim Hinsetzen und Aufstehen.*

8.2.4 Lunges (Ausfallschritt)

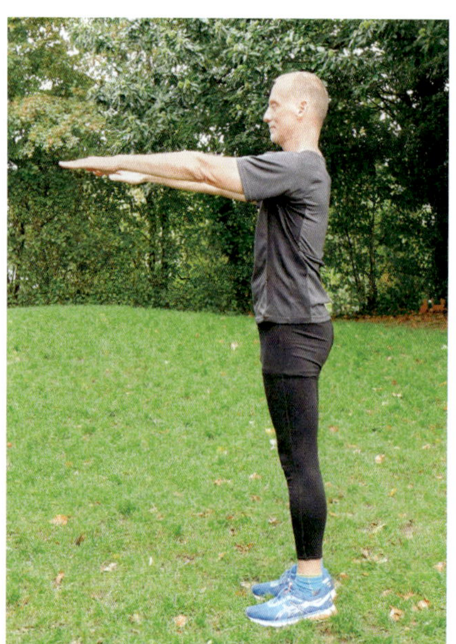

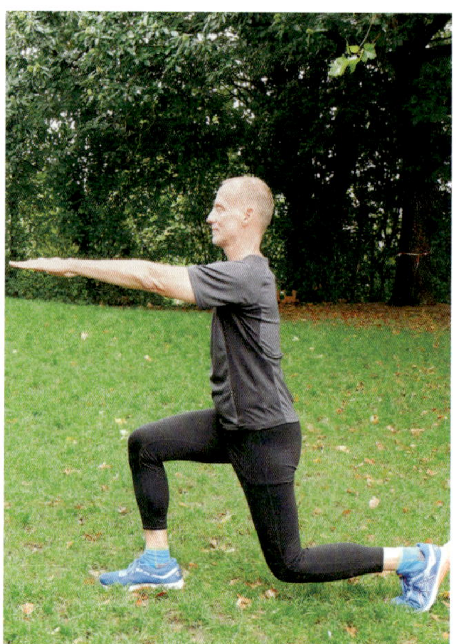

Ausgangsposition:

Stellen Sie sich aufrecht hin. Ihre Beine stehen hüftbreit auseinander.

Übungsbeschreibung:

Spannen Sie den Bauch an, strecken Sie die Arme nach vorne und machen Sie mit einem Bein einen großen Schritt nach vorne. Achten Sie beim vorderen Bein darauf, dass Ihr Knie nicht Ihre Fußspitze überragt. Senken Sie nun das hintere Knie bis knapp über den Boden ab. Halten Sie diese Position für einen kurzen Moment. Gehen Sie nun in die Ausgangsposition zurück. Atmen Sie dabei aus. Wiederholen Sie die Übung mit dem anderen Bein.

Funktional fürs Laufen: *Die Hüfte wird gestreckt.*

Funktional für den Alltag: *Die Kraft bei der Gangbewegung wächst.*

8.2.5 Bent to Extend

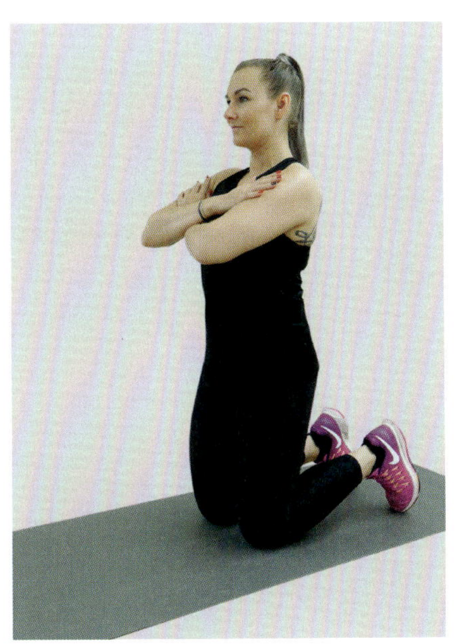

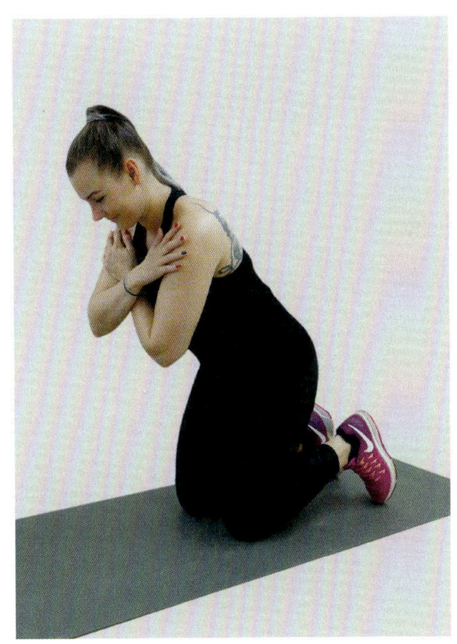

Ausgangsposition:

Gehen Sie auf die Knie, Ihre Hände sind vor der Brust verschränkt.

Übungsbeschreibung:

Spannen Sie Ihren Bauch an und beugen Sie Ihren Oberkörper so weit nach vorne hin ab, wie Sie es können. Achten Sie bei der kompletten Übung darauf, dass Ihr Rücken gerade bleibt. Machen Sie diese Übung schön langsam und ohne Schwung.

Funktional fürs Laufen: *Der untere Rücken wird stabiler und die Rumpfkraft wächst.*

Funktional für den Alltag: *Ein starker Rücken entwickelt sich.*

8.2.6 Rotation

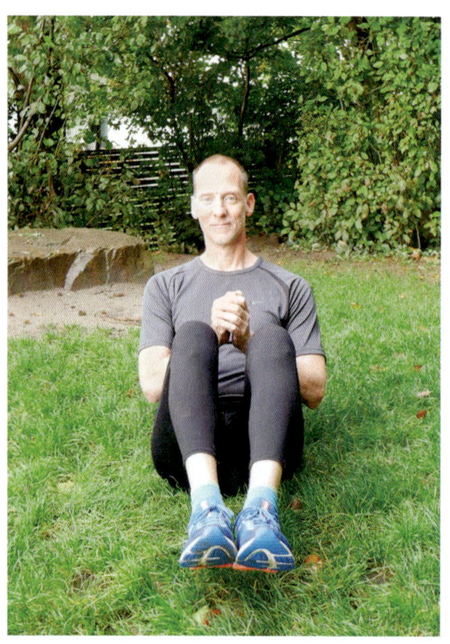
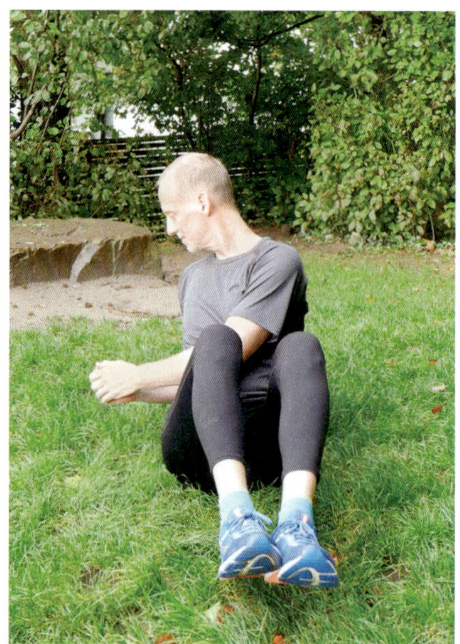

Ausgangsposition:

Setzen Sie sich auf die Wiese. Spannen Sie Ihren Bauch an, lehnen Sie Ihren Oberkörper leicht nach hinten. Der Rücken bleibt gerade und Ihr Kopf ist in Verlängerung der Wirbelsäule.

Übungsbeschreibung:

Drehen Sie den Oberkörper in eine Richtung. Halten Sie diese Position kurz und drehen Sie dann in die Ausgangsposition zurück. Stoppen Sie kurz in der Mitte, um Schwung zu vermeiden. Drehen Sie sich nun in die andere Richtung.

Halten Sie kurz diese Position, um dann in die Ausgangsposition zurückzudrehen.

Funktional fürs Laufen: *Die Rotationsfähigkeit beim Laufen und die Rumpfkraft wird entwickelt.*

Funktional für den Alltag: *Sich umdrehen können.*

8.2.7 Balance

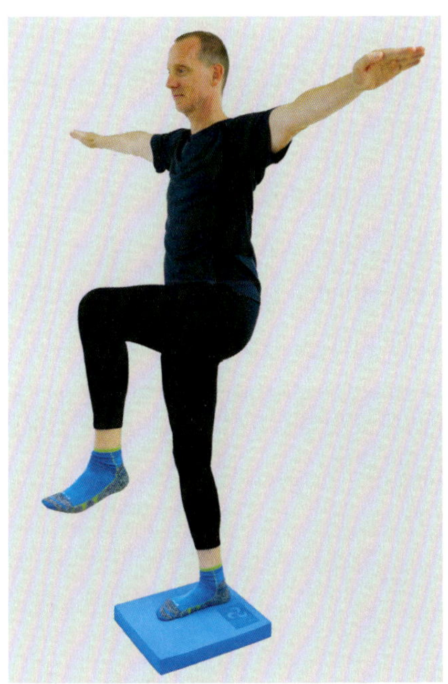

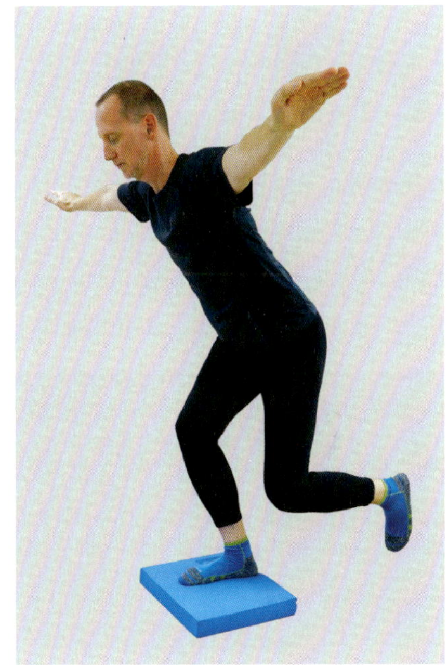

Ausgangsposition:

Stellen Sie sich gerade hin, spannen Sie den Bauch an und ziehen Sie ein Knie hoch. Balancieren Sie sich aus.

Übungsbeschreibung:

Gehen Sie nun in eine leichte einbeinige Kniebeuge. Führen Sie dies abwechselnd (bitte nicht gleichzeitig!) mit beiden Beinen durch.

Diese Übung verbessert auch die Hüftbeugung und damit das Laufen!

Funktional fürs Laufen: *Sichere Balance auf einem Bein beim Laufen!*

Funktional für den Alltag: *Balance in allen Lebenslagen!*

8.2.8 Beispiel-Trainingsplan: Funktionales Training

Es bietet sich an, das oben genannte funktionale Training durchaus als eine Trainingseinheit zu absolvieren. Nein, nein . . . erschrecken Sie nicht gleich. Auch wenn es sieben Übungen sind, so sind sie doch auch mit einem kleinen Zeitbudget möglich.

Mit diesem Beispiel-Trainingsplan brauchen Sie gerade einmal vier Minuten, um eine Runde aller sieben Übungen zu absolvieren. Natürlich ist es Ihnen (und Ihrer Leistungsfähigkeit) überlassen, wie viele solcher Runden Sie absolvieren möchten. Bitte vergessen Sie nicht, vorher die Warm-up-Routine zu absolvieren!

Übung	Zeit
8.2.1 Push	20 Sekunden
Pause	10 Sekunden
8.2.2 Pull	20 Sekunden
Pause	10 Sekunden
8.2.3 Squat	20 Sekunden
Pause	10 Sekunden
8.2.4 Lunges	20 Sekunden
Pause	10 Sekunden
8.2.5 Bend to Extend	20 Sekunden
Pause	10 Sekunden
8.2.6 Rotation	20 Sekunden
Pause	10 Sekunden
8.2.7 Balance	20 Sekunden
Pause	10 Sekunden
Laufen auf der Stelle	30 Sekunden

So, dies wäre eine Runde.
Nur zu, rechnen Sie ruhig nach, es sind genau vier Minuten für eine Runde.
Auch wenn Sie „nur" eine Runde, aber dafür regelmäßig, absolvieren, haben Sie bereits viel für Ihr Laufen getan.
Sehr gerne dürfen Sie aber auch mehr als „nur" eine Runde machen, oder diese anders dosieren. Wichtig ist, dass Sie dieses Training 2-3-mal pro Woche durchführen.

8.3 GANZKÖRPERTRAINING (FUNKTIONAL)

Wie an diversen Stellen in diesem Buch gesagt, es läuft der ganze Körper und Laufen ist eine sehr natürliche Bewegung für uns. Daher sollten für ein gutes Training die wertvollen Ganzkörperübungen unbedingt integriert werden.

Warum?

Mehrgelenkige Übungen sind für uns Menschen von großer Wichtigkeit, da, wenn wir uns bewegen, meist die Bewegung über mehrere Gelenke verläuft. Stellen Sie sich einmal vor, Sie heben einen Karton vom Boden auf und stellen diesen in das Regal über sich. Wie viele Gelenke und Muskelgruppen sind daran beteiligt? Es ist also für uns Menschen eigentlich sehr natürlich, dass unsere Bewegungen gleichzeitig über mehrere Gelenke verlaufen.

Auch in der heutigen modernen und urbanen Zeit, in der wir leider nicht auf Bäume klettern müssen, um an Nahrung zu gelangen. Viel unüblicher für den Menschen sind eher die im Fitnessstudio vorhandenen, „isolierten" Muskelübungen an den Trainingsgeräten. Es entspricht also unserer natürlichen Vitalität, uns so zu bewegen. Genau wie beim Laufen, denn Laufen ist natürlich und es läuft der ganze Körper. Ein Schlüssel für besseres Laufen liegt also tatsächlich in Ganzkörperübungen.

8.3.1 Turkish Get-up

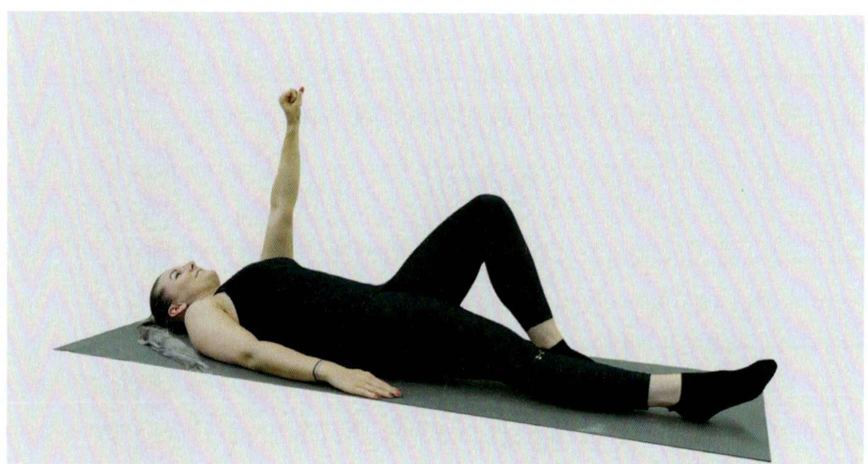

Diese Übung ist ein Paradebeispiel für eine Ganzkörperübung mit all ihren Vorteilen. Alle Gelenke bewegen sich, der Rumpf muss sich stabilisieren und die Hüfte wird gestreckt. Gleichzeitig fordert diese Übung eine gewisse Koordination mit Balance.

Ausgangsposition:

Legen Sie sich rücklings auf eine Matte. Ihre Beine und Arme sind neben dem Körper ausgestreckt.

Übungsbeschreibung:

Stellen Sie nun Ihr linkes Bein circa 45° nach außen hin auf und strecken Sie Ihren linken Arm nach oben hin aus. Fixieren Sie Ihren Blick auf die linke Faust, die nach oben zeigt.

Spannen Sie nun Ihren Bauch an und bringen Sie sich mit dem rechten Arm auf dessen Unterarm.

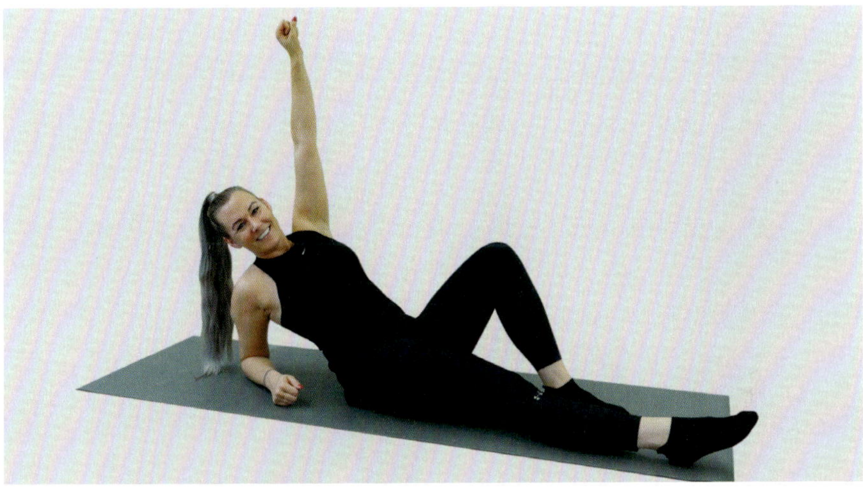

Halten Sie die Bauchspannung aufrecht und bringen Sie Ihren rechten Arm in die Streckung. Halten Sie Ihre Bauchspannung aufrecht und drücken Sie Ihr Becken nach oben und strecken Sie Ihre Hüfte wie bei einer Brücke.

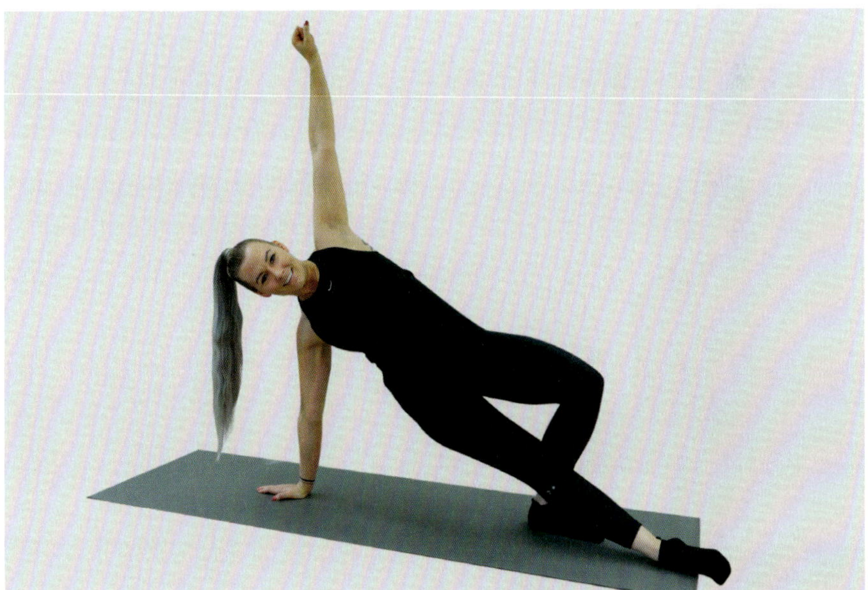

Beugen Sie nun Ihr gestrecktes Bein und setzen Sie Ihr Knie auf den Boden auf. Ihr Knie zeigt zur Hand, welche neben dem Knie den Boden berührt, Ihr Fuß steht auf den Zehenspitzen.

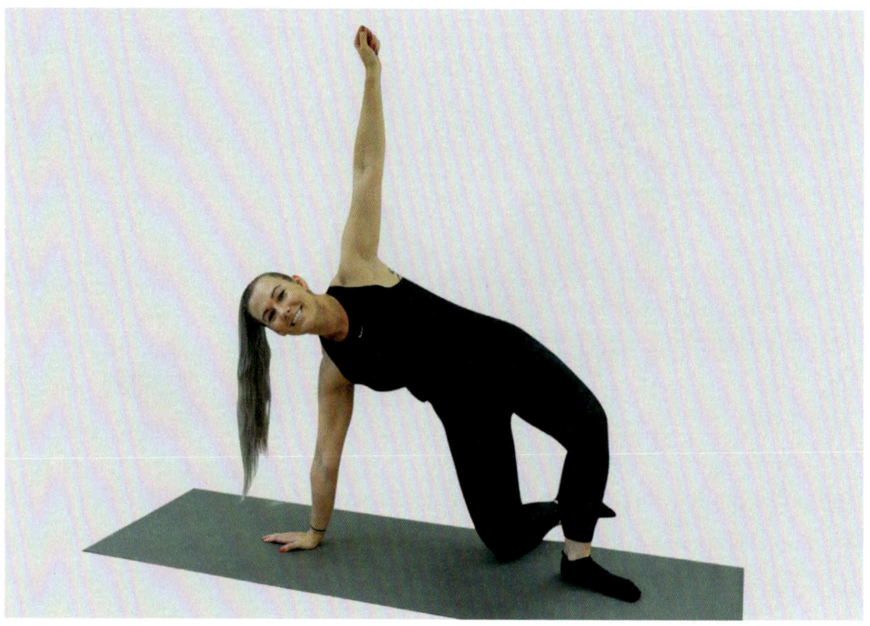

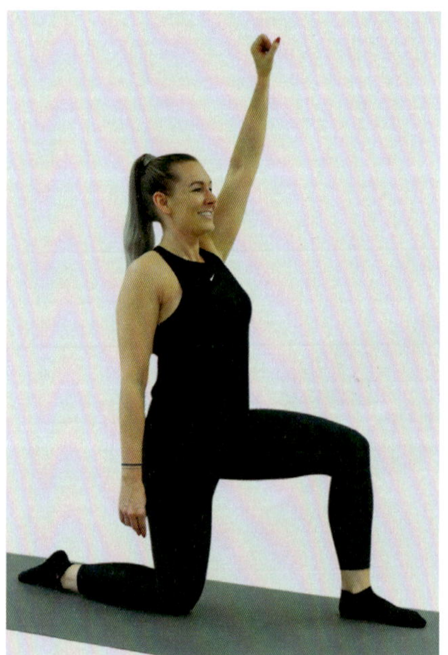

Richten Sie nun Ihren Oberkörper auf und drehen Sie Ihr kniendes Bein nach hinten. So, dass Sie sich nun in der Figur des Ausfallschritts, bei dem Sie mit dem Knie den Boden berühren, befinden.

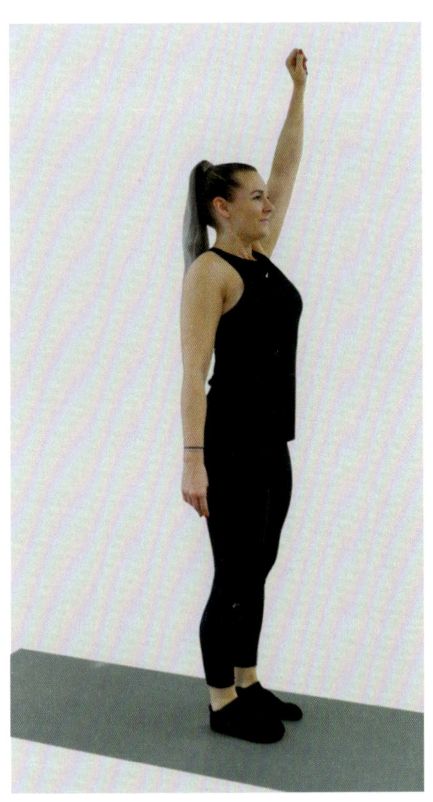

Stehen Sie nun aus dem knienden Ausfallschritt auf.

Gehen Sie langsam den gesamten Bewegungsablauf zurück in die Ausgangsposition.

Dieser ganze Ablauf war eine Wiederholung. Es spielt keine Rolle, wie viele Wiederholungen Sie absolvieren, vergessen Sie nicht, diese Wiederholungszahl auch mit der anderen Körperseite (rechtes Bein aufgestellt und rechter Arm ausgestreckt) zu absolvieren!

8.3.2 Burpee

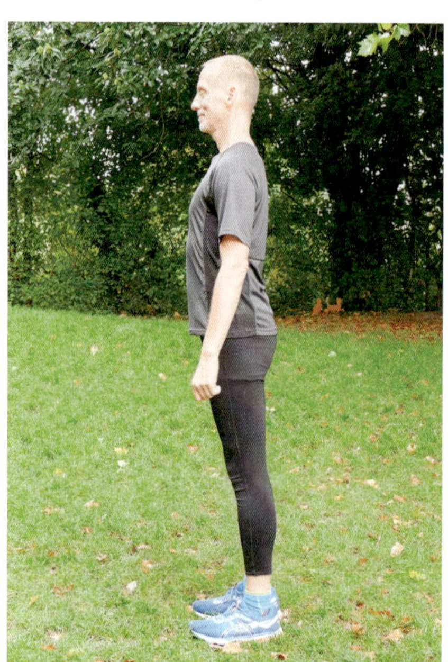

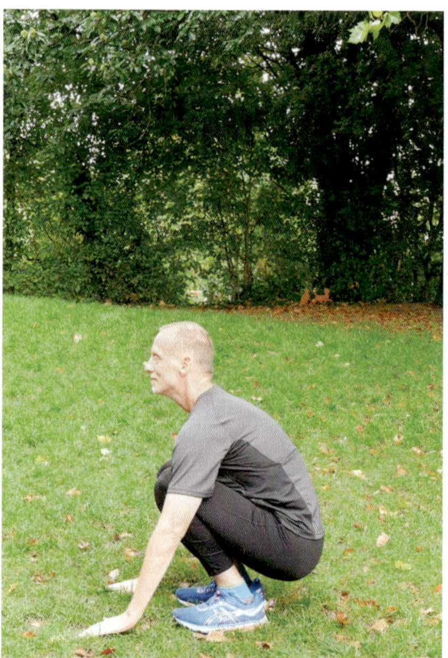

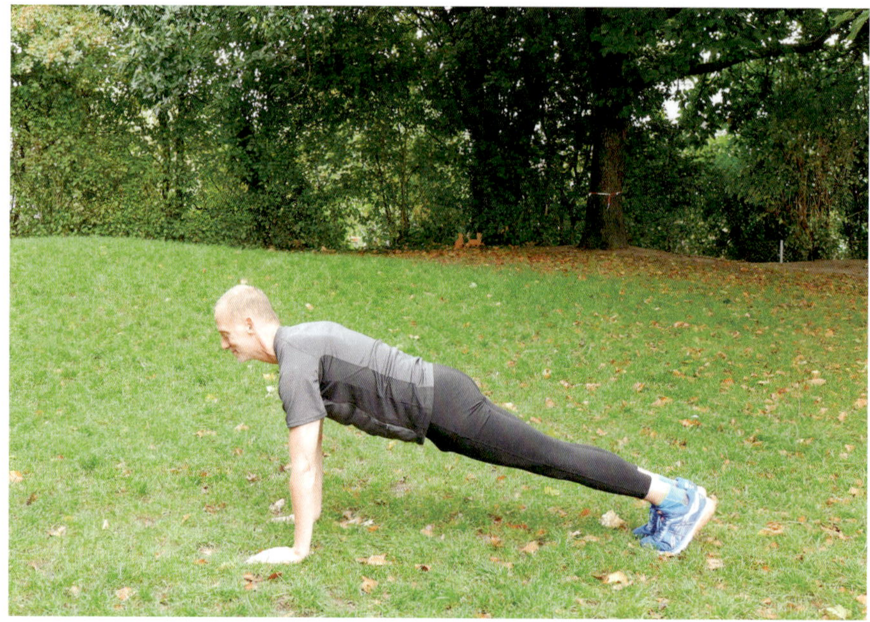

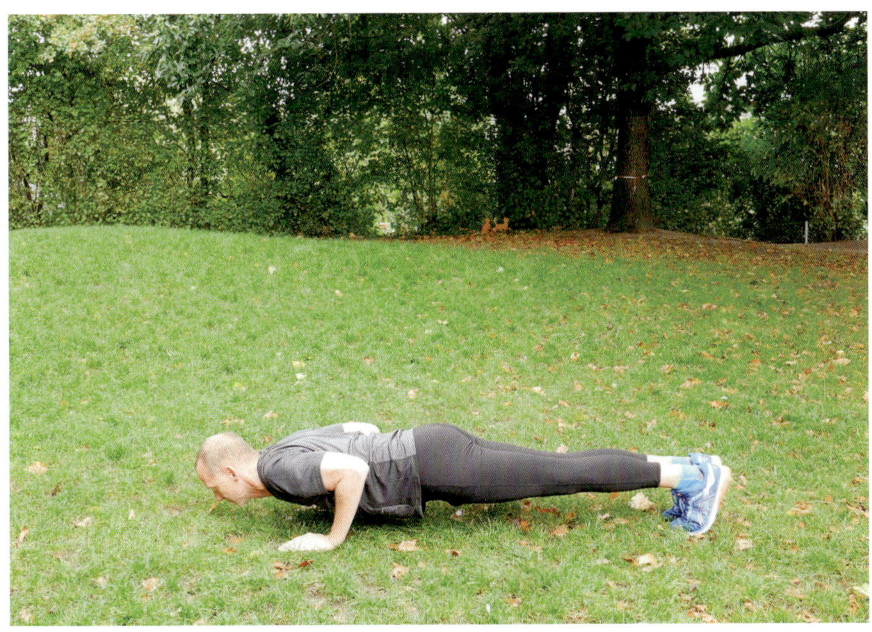

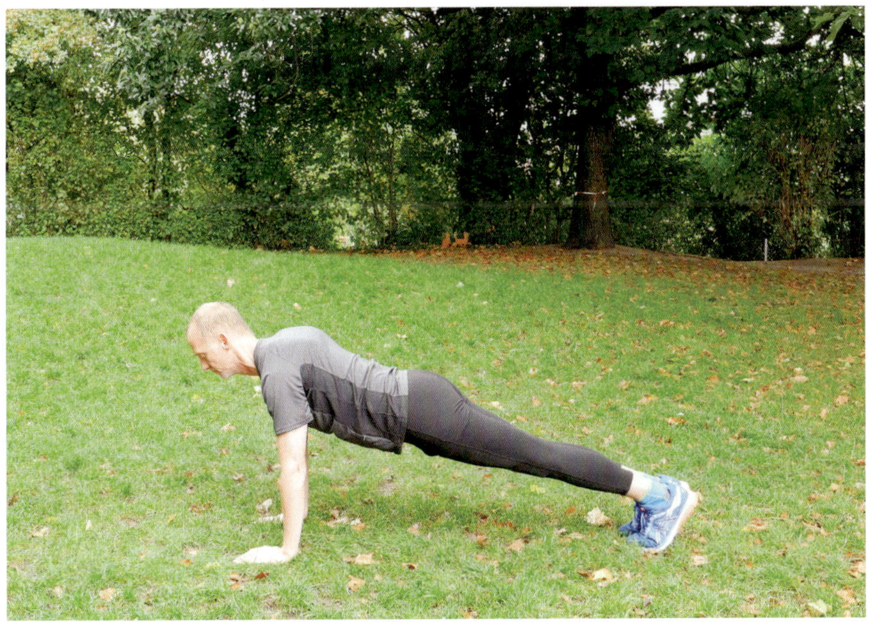

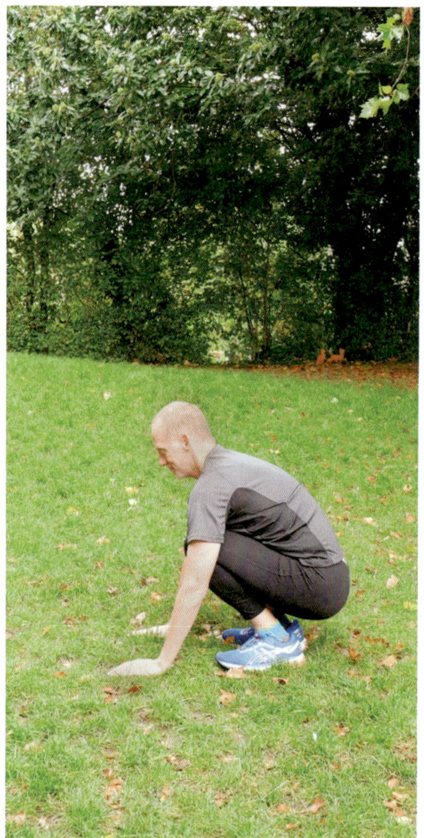

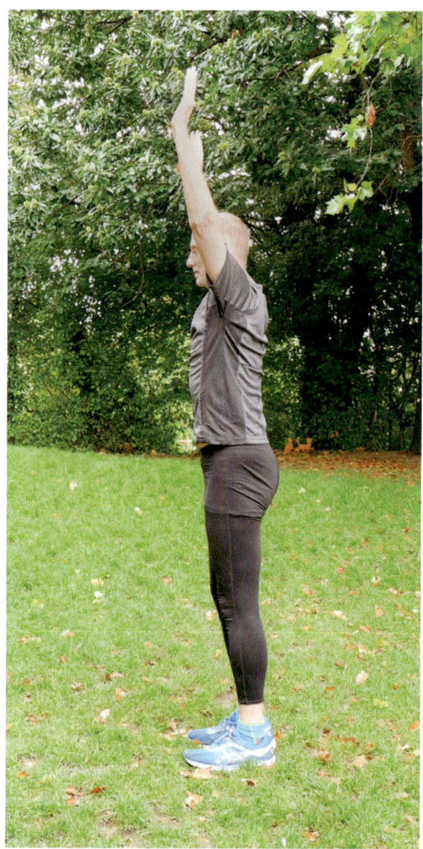

Der Burpee ist für viele der König aller Ganzkörperübungen. Auch hier vereinen Sie alle Vorteile der Ganzkörperübungen zu einer Übung der Superlative.

Diese Art von Übung wird Sie vermutlich auf eine andere Art und Weise an Ihre Grenzen bringen, wie Sie es bisher vielleicht gewohnt waren.

Ausgangsposition:

Stellen Sie sich in die gerade Ausgangsposition. Die Beine stehen hüftbreit auseinander, der Bauch ist angespannt.

Übungsbeschreibung:

Gehen Sie nun in eine tiefe Kniebeuge und berühren Sie mit den Handflächen den Boden. Springen Sie nun mit den Beinen zurück in die obere Liegestützposition. Führen Sie einen Liegestütz aus und kehren Sie in die obere Liegestützposition zurück. Springen Sie nun mit beiden Beinen nach vorne wieder in die tiefe Kniebeuge zurück. Schnellen Sie nun explosionsartig nach oben und springen Sie in die Höhe und strecken Sie dabei Ihre Arme nach oben.

Sie werden es gemerkt haben, in dieser Übung stecken zum unter anderem zwei wertvolle funktionale Übungen: der Squat (Kniebeuge) und der Push-up (Liegestütz).

Sollten Sie mit einer dieser beiden Übungen (noch) Probleme haben, dann bitte ich Sie, diese erst separat zu üben, bevor Sie sich in das Abenteuer „Burpee" stürzen.

Und, wer weiß, vielleicht wird auch diese Übung bei Ihnen, so wie bei vielen anderen Menschen auch, zur absoluten Hassliebe.

Aber eines ist sicher: Der Burpee verbessert Ihr Laufen!

8.4 BEISPIELTRAININGSPLAN FÜR „GANZKÖRPERÜBUNGEN"

Sie haben es sicherlich sehr schnell gemerkt: Diese beiden Ganzkörperübungen bringen so viel mit und verlangen Ihnen gleichzeitig so viel ab.

Daher sollte die Dosierung absolut auf Sie abgestimmt sein.

Am besten dazu eignen sich Dosierungssteuerungssysteme, welche sich über die Zeit steuern lassen. Somit können Sie dann in der geforderten Zeit genau die Wiederholungszahl abrufen, die für Sie aufgrund Ihrer aktuellen Fitness passt.

Ein Beispiel:
Folgendes System bietet sich da sehr gut an:

Sie haben zum Beispiel (nachdem Sie sich aufgewärmt haben) noch 12 Minuten Zeit für dieses Training zur Verfügung. Dann ermitteln Sie doch einfach, wie viele Wiederholungen Sie innerhalb dieser 12 Minuten sauber und korrekt absolvieren können. Bedenken Sie: Sie können jederzeit und so oft Sie brauchen Pause machen – die Zeit läuft aber weiter.

Wenn die 12 Minuten vorbei sind, schreiben Sie sich einfach auf, wie viele saubere und korrekte Wiederholungen Sie geschafft haben.

Wenn Sie diese Übung so später wiederholen und nur eine Wiederholung mehr schaffen, haben Sie sich bereits verbessert. Klar, oder?

Mit diesem Trainingsplan bringen Sie Ihren Körper auf eine neue Stufe! Ihr kompletter Bewegungsapparat wird gefordert und gefördert und selbstverständlich werden alle motorischen Fähigkeiten (Kraft, Ausdauer, Beweglichkeit, Koordination, Schnelligkeit) trainiert.

ZUR ERINNERUNG

Diese Dosierungssteuerung funktioniert mit jedem Zeitbudget.

Für Sie heißt dies in Zukunft, dass die Annahme/Aussage: „Ich habe doch keine Zeit für ein Kräftigungstraining!", nun absolut keine Rolle mehr spielt. Denn Sie wissen, ein gutes Training ist auch mit (sehr) wenig Zeit möglich!

***Lauftransfer:** Das Beste, was Sie trainieren können.*

***Alltagstransfer:** Sie werden immer beweglicher!*

Durch ein ausgeklügeltes funktionales Athletiktraining wird Ihr Laufen definitiv besser!

Und genau das wird durch dieses Trainingsprogramm gewährleistet.

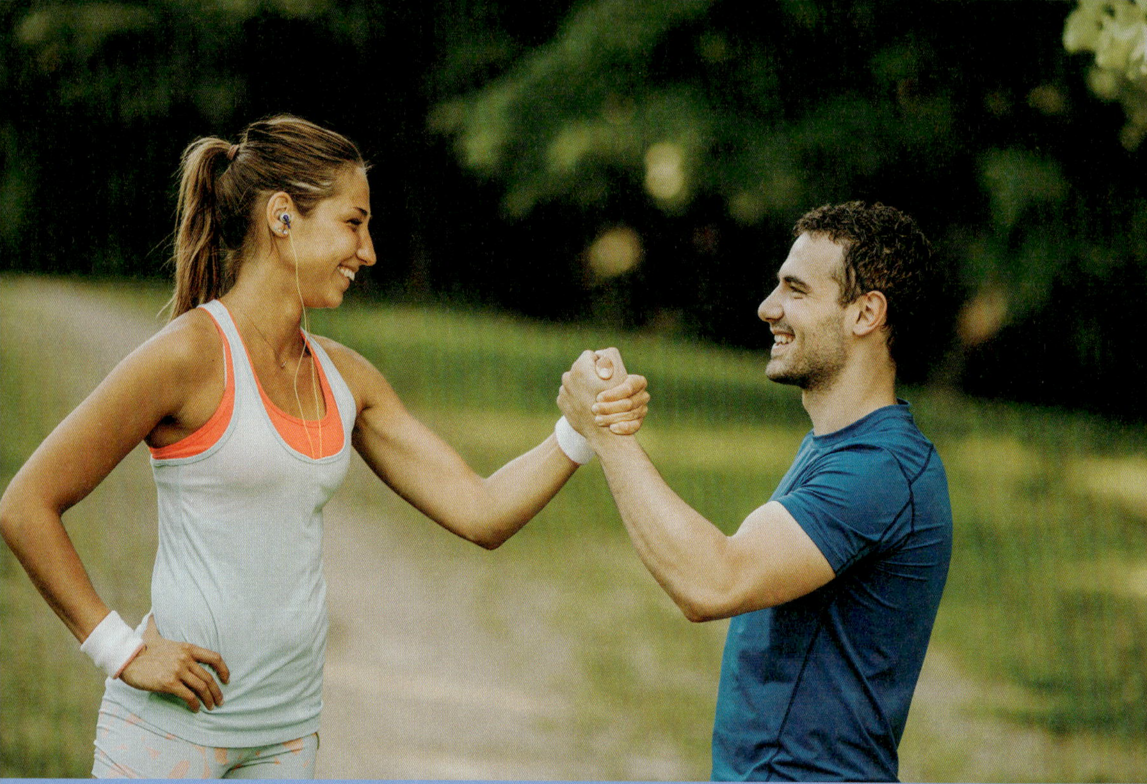

KAPITEL 9

9 LAUFSPIELE – DIE TRAININGSVARIANTEN

Auch wenn unbestritten ein monotoner Trott sich zum Abschalten hervorragend eignet, so benötige ich für den Leistungsaufbau eher den gegenteiligen Weg, nämlich: Raus aus dem Trott, denn Abwechslung ist Trumpf!

Ihre Leistungsentwicklung freut sich sehr darüber, wenn Sie immer wieder Veränderungen in Ihre Leidenschaft Laufen, also auch in Ihren Lauf selbst, integrieren.

Eine Abwechslung innerhalb Ihres Laufens bedeutet für Ihren Körper immer die Notwendigkeit einer neuen Anpassung. Vielleicht kennen Sie ja die Formulierung: „Stillstand heißt Rückschritt!" Und genau dies könnte passieren, wenn Sie immer „das Gleiche" laufen. Zumindest werden Sie nur noch „auf der Stelle treten".

WAS BRINGT IHNEN DIESES KAPITEL?

Wodurch wird in diesem Kapitel Ihr Laufen/Ihre Laufleistung besser?

» *Viel Abwechslung während des Laufens.*

» *Leistungsentwicklung auf den verschiedenen Ebenen Ihres trainierten Körpers.*

» *Andere Wahrnehmung des Laufens.*

» *Erweiterung Ihres Laufrepertoires.*

» *Starke Entwicklung Ihrer allgemeinen Fitness.*

» *Sie werden durch diesen Baustein nachhaltig einfach besser!*

Dieser Absatz ist so wichtig, dass ich dies gleich mit zwei weiteren Zitaten unterstreichen möchte!

Wer still steht, erreicht kein Ziel!

Bewege dich und der Weg wird sich öffnen.
ZEN-WEISHEIT

ANMERKUNG

Wie toll wäre es, wenn sich immer neue Wege öffnen würden oder viele Pfade zu einem starken belastbaren und immerwährenden Weg werden?

Sie werden sich vielleicht nun fragen, was sollen Sie denn beim Laufen zur Abwechslung machen? Vielleicht mal eine andere Strecke laufen? Fragen Sie sich. Ja, das wäre tatsächlich ein Anfang. Eine andere Strecke (anderes Profil, anderer Untergrund) wäre für Ihren Körper tatsächlich eine Abwechslung und er muss sich anpassen.

Fällt Ihnen noch etwas ein?

Lesen Sie einfach weiter, es wartet viel Abwechslung beim Laufen auf den nächsten Seiten auf Sie!

9.1 VERSCHIEDENE LAUFTEMPI UND DEREN BEDEUTUNG

Was Sie auf Ihrer Hauslaufstrecke zum Beispiel ganz leicht verändern können, ist, dass Sie diese gewohnte Strecke vom Tempo her nicht gleichmäßig laufen, sondern Ihr Lauftempo variieren.

Sie haben sicherlich ein „Wohlfühltempo", mit dem Sie am liebsten laufen. Brechen Sie doch öfters einmal auf Ihrer Laufstrecke aus diesem Tempo aus. Das heißt, laufen Sie mal ein paar Meter bewusst schneller als Ihr Wohlfühltempo, dann die gleiche Anzahl an Metern bewusst langsamer als Ihr Wohlfühltempo, um dann wieder im Wohlfühltempo die doppelte Länge zu laufen.

Beispiel: Bauen Sie, während Sie laufen, Folgendes ein:

250 m schneller laufen als Ihr aktuelles Wohlfühltempo, dann

250 m langsamer laufen als Ihr aktuelles Wohlfühltempo, dann

500 m in Ihrem Wohlfühltempo.

ANMERKUNG

Die Meterzahlen können Sie natürlich Ihren Bedürfnissen anpassen!

Passen Sie bitte bei der Veränderung der Lauftempi auch Ihre Atmung an!

Eine hervorragende Möglichkeit, um Ihre Atmung wahrzunehmen, zu beachten und synchron an Ihren Laufschritt anzupassen.

Bei den bewussten Veränderungen Ihrer Lauftempi muss sich Ihr Körper immer wieder neu anpassen und Ihr Leistungsspektrum nimmt zu.

9.1.1 Wohlfühltempo

Ihr Wohlfühltempo entspricht, wie oben beschrieben, dem Lauftempo, mit dem Sie sich beim Laufen absolut wohlfühlen. Dieses Tempo kann von Läufer zu Läufer völlig unterschiedlich sein, es entspricht Ihrer persönlichen Vorliebe und Leistung.

Es gibt übrigens dafür kein zu langsam! Lassen Sie sich das bloß nicht von irgendjemand einreden. Von niemandem!

Dennoch kann und wird Ihr Wohlfühltempo mit der Zeit (Sie entwickeln sich ja, wenn Sie die Programme aus diesem Buch einsetzen) tatsächlich schneller werden.

Aber nochmals, gerade für Laufanfänger, die sich für zu langsam halten: ES GIBT KEIN ZU LANGSAM! Es gibt aber oft ein (viel) zu schnell!

9.1.2 Sprinten „Need for Speed"

Trotz Ihrer natürlichen Leidenschaft und Vorliebe fürs Laufen im Wohlfühltempo, wäre es dennoch zu empfehlen, mal den einen oder anderen Meter im Sprint zurückzulegen. Auch dies ist übrigens natürlich. Wenn vor 30.000 Jahren der Tiger sich für eine spontane Mahlzeit in Menschengestalt entschied, konnte man froh sein, wenn man sprinten konnte. Heute sprinten wir eher einem Bus hinterher, als vor einem Tiger weg, aber die Fähigkeit, zu rennen/sprinten, steckt dennoch in unserer Natur. Daher bauen Sie hin und wieder ruhig einmal einen solchen Sprint ein.

ACHTUNG

Wenn „um Ihr Leben zu laufen" auf einer Skala eine „10" wäre, dann sprinten Sie bitte nicht schneller als ein Belastungsgefühl von „8".

Absolvieren Sie das Sprinten auch erst, wenn Sie sehr gut eingelaufen sind.

Sprinten Sie nur über wenige Meter und laufen Sie so lange aus (traben), bis Ihre Atmung wieder völlig normal ist.

Da dieser Vorschlag nicht im Sinne eines reinen Intervalltrainings gemeint ist, reichen 2-5 dieser Steigerungsläufe über wenige Meter sehr gut aus.

9.1.3 Traben (Auslaufen)

Auch das Traben, das Auslaufen, ist ein Tempo, welches nicht zu verachten ist. Nutzen Sie diese sehr langsame Geschwindigkeit, um sich nach einer Belastung (Sie sind außer Atmen) aktiv zu erholen. Das kann auch während eines Laufs erfolgen beziehungsweise notwendig sein.

Stellen Sie sich vor, Sie sind gerade einen kleinen Sprint gelaufen und sind entsprechend außer Atem. Nutzen Sie dann direkt das Auslaufen (traben), um sich aktiv zu erholen, bis Ihre Atmung sich wieder von der Belastung (hier Sprint) erholt hat. Gleiches gilt zum Beispiel nach dem Erklimmen einer Steigung.

9.2 VERSCHIEDENE UNTERGRÜNDE

Verschiedene Untergründe können auch sehr abwechslungsreich sein. Nicht nur beim Aufsetzen und Abrollens Ihres Laufschritts, sondern tatsächlich auch in der Anforderung an Ihre Kraft.

Sie werden bemerken (oder es bereits schon kennen), dass es ein großer Unterschied ist, ob Sie auf einer ebenen, geteerten Straße laufen oder auf einem verschlammten Trampelpfad durch den Wald über Stock und Stein. Oder anderes Beispiel, ob Sie die gleiche Straße mit und ohne Schnee bedeckt laufen. Dieselbe Straße, das gleiche Profil, aber ein gravierender Unterschied im Laufgefühl.

Durch ein stetiges Abwechseln der Untergründe, auf denen Sie laufen, entwickeln Sie natürlich auch Ihr Laufgefühl.

9.3 FAHRTSPIEL

Das Fahrtspiel ist eine wirklich feine und effektive Sache, wenn Sie Ihr Laufen abwechslungsreich gestalten möchten und sich dadurch verbessern wollen.

Beim Fahrtspiel suchen Sie sich eine Laufstrecke aus, dies kann durchaus für den Anfang Ihre Hausstrecke sein. Ändern Sie beim Laufen willkürlich Ihre Belastung und Entlastung. Laufen Sie mal schneller, dann urplötzlich etwas langsamer, dann wieder normal, dann wieder langsamer, dann wieder schneller usw. Wechseln Sie Ihre Laufbelastung so, wie es Ihnen spontan einfällt und wählen Sie die Belastungen und Entlastungen in unterschiedlichen Zeitlängen.

Was Sie sich zudem für dieses Laufspiel zunutze machen können, ist die Beschaffenheit der Strecke. Eventuell können Sie auch den Laufuntergrund durch die Streckenführung öfters wechseln, mal Asphalt, dann ein Stück Wiese, dann eventuell Schotter usw.

Oder spielen Sie läuferisch mit dem Profil der Laufstrecke. Hat die Laufstrecke eventuell Steigungen? Dann nutzen Sie diese aus. „Wie?“, fragen Sie sich. Lesen Sie weiter!

9.4 BRÜCKENLAUFEN

„Brückenlaufen" steht auch stellvertretend für Steigungen oder welliges Gelände.

Diese Gegebenheiten passen immer prima in ein effektives und leistungsaufbauendes Laufen. Sie wissen, dass es schwieriger ist, eine Steigung hochzulaufen, als das gleiche Tempo auf flacher Strecke zu halten – es sei denn, Sie bekommen Gegenwind, dann wäre ein gewohntes Hügeltraining klar von Vorteil!

Nicht nur Ihre Beinkraft wird dabei enorm gefordert und gefördert, sondern auch die Fähigkeit, tief und gut zu atmen.

Sie sehen, das „Brückenlaufen" ist ein ideales Training, um Sie kraftvoll voranzubringen und Sie mit (einer willkommenen) Abwechslung zu versorgen.

Wenn es bei Ihnen im Umfeld keine Steigungen gibt, dann nutzen Sie diese Gelegenheit der Abwechslung bei Gegenwind.

9.5 BRÜCKEN/STEIGUNGEN HOCHLAUFEN UND DAS TEMPO EXAKT HALTEN

Eine schöne Erweiterung zum „Brückenlaufen" (diese passt übrigens auch wunderbar ins „Fahrtspiel") ist, dass Sie Folgendes umsetzen: Wenn Sie auf eine Brücke oder Steigung zulaufen, dann laufen Sie in einem bestimmten Tempo darauf zu.

Wenn Sie nun in die Steigung hinein- und hochlaufen, halten Sie an diesem ursprünglichen Tempo fest. Das heißt: Sie versuchen, exakt bei dem Tempo zu bleiben, welches Sie vor der Steigung gelaufen sind. Werden Sie also weder schneller noch langsamer.

Schauen Sie dabei auch nicht auf die Geschwindigkeitsmessung einer Laufuhr. Tauchen Sie ein in Ihre Körperwahrnehmung und erfühlen Sie es.

9.6 STEIGERUNGSLÄUFE

Wie schon beschrieben, eignen sich Steigerungsläufe hervorragend, um Abwechslung und (neue) Reize in Ihr Laufen zu integrieren. In diesem Kapitel haben Sie schon mehrmals die Empfehlung gelesen: Spielen Sie mit Ihren Lauftempi.

Bei den Steigerungsläufen geht es darum, (am besten) aus Ihrem Wohlfühltempo heraus Ihr Lauftempo sanft aufbauend in ein (lockeres) flottes Lauftempo zu steigern. Halten Sie dann dieses (lockere) flotte Tempo für einige Meter und reduzieren Sie dann dieses Tempo wieder sanft zu Ihrem Wohlfühltempo zurück. Laufen Sie in Ihrem Wohlfühltempo so lange locker weiter, bis sich Ihre Atmung wieder normalisiert hat. Knüpfen Sie dann den nächsten Steigerungslauf an.

Wiederholen Sie dies 2-5-mal.

9.7 INTERVALL- UND ATHLETIKTRAINING

Eine tolle und äußerst effektive Abwechslung für Ihren Körper wäre die Kombination eines „Intervalltrainings" mit Übungen aus Kap. 8. Jedoch bevor ich Ihnen dazu ein Beispiel nenne, zuerst einmal die Erklärung: Was ist Intervalltraining?

Intervalltraining steht erst einmal gedanklich für ein (wirklich) sehr hartes Lauftraining. Meistens auf einer Tartanbahn absolviert, werden kleine Distanzen in einem meist sehr fordernden Tempo in unterschiedlichen Einheiten absolviert. Die Werte hierzu variieren natürlich je nach Trainingsziel und Leistungsvermögen.

Was ich hingegen für Sie mit „Intervalltraining" meine, ist das Variieren zweier Belastungen.

Das Beispiel, welches ich für Sie im Auge habe: Gehen Sie doch einmal auf eine 400-m-Tartanbahn. Absolvieren Sie 30 Sekunden „Hampelmänner" (aus Kap. 8) und laufen direkt danach 400 m locker. Absolvieren Sie dann wieder 30 Sekunden „Hampelmänner" und laufen Sie dann wieder die 400 m locker usw.

Dies geht natürlich mit jeder beliebigen Übung. Interessanterweise wurde bei diesem Beispiel eine Athletikübung, welche Sie außer Atem bringt, mit jeweils 400 m laufen kombiniert. Eine sehr interessante und förderliche Erfahrung.

Die Belastung selbst kann man, natürlich inhaltlich wie auch in der Belastungslänge, auf sich ausrichten. Genauso die darauf folgende Lauflänge.

9.8 KRÄFTIGUNGSÜBUNGEN EINBAUEN

Eine weitere Möglichkeit der Abwechslung, um sich in der Laufleistung zu verbessern, ist, auf der Laufstrecke Kräftigungsübungen einzubauen. Dazu können Sie alles einsetzen, was Ihre Laufstrecke hergibt. Zum Beispiel Wiesen, Parkbänke, Bäume, Treppen usw.

Bauen Sie zum Beispiel auf Ihren Laufstrecken die Übungen aus den Kap. 4, 5, 6 und 8 ein.

Sie kennen diese Programme noch nicht?

Dann folgt hier ein Beispiel, wie Sie während Ihres geliebten Laufens nicht nur Ihre Beine und Ihren Rumpf kräftigen, sondern auch für eine bessere Laufmotorik und Balance sorgen:

Bitte absolvieren Sie das Warm-up und laufen Sie locker los. Synchronisieren Sie Ihre Atmung (vgl. Kap. 3) und laufen Sie locker in Ihrem Wohlfühltempo.

Verlangsamen Sie Ihren Laufschritt sanft bis zum Stillstand und absolvieren Sie fünf beidbeinige Sprünge. Diese können auf der flachen Strecke erfolgen, an einer Steigung oder, wie hier auf den Fotos, an einer Parkbank.

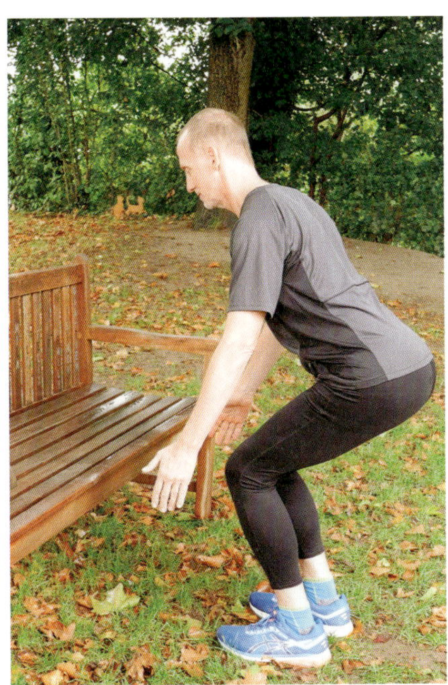

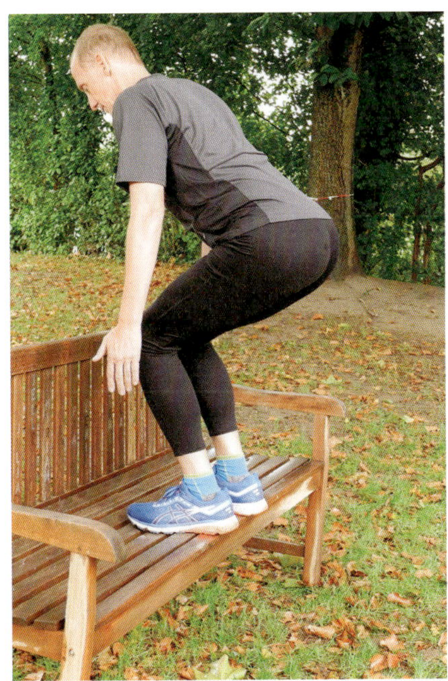

Laufen Sie danach wieder locker weiter, bis sich Ihre Atmung wieder normalisiert hat und kehren Sie dann in Ihr Wohlfühltempo zurück. Verlangsamen und stoppen Sie wieder nach geraumer Zeit und absolvieren Sie ein Set „Halber Adler". Dies kann hier wieder auf dem Boden oder auf einer Erhöhung, wie einem liegenden Baumstamm, Mauer, Treppe oder, wie hier auf dem Foto, auf einer Parkbank erfolgen.

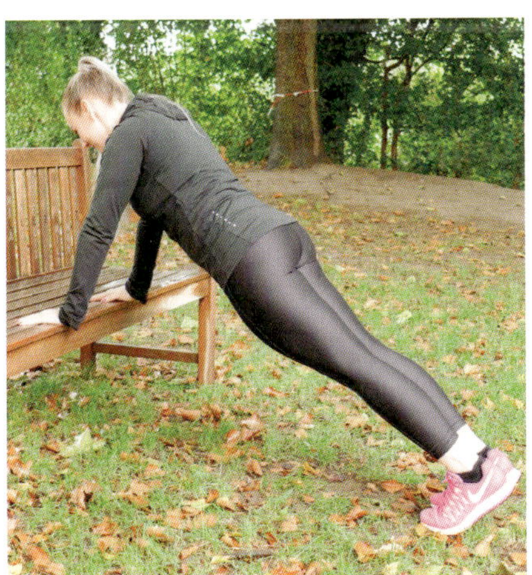

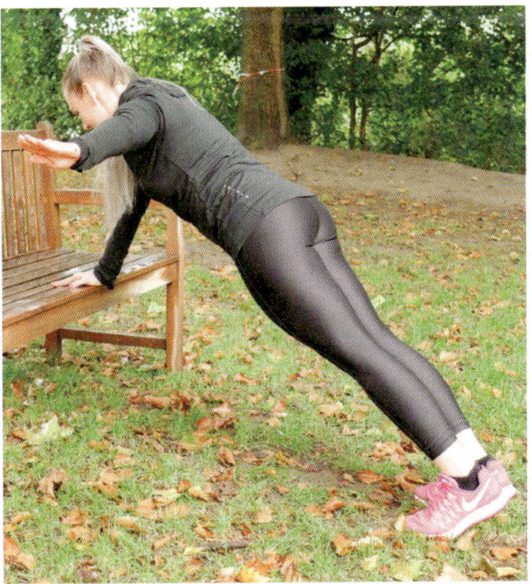

Laufen Sie wieder locker an, bis sich Ihre Atmung normalisiert hat und kehren Sie dann in Ihr Wohlfühltempo zurück. Verlangsamen Sie nach geraumer Zeit wieder sanft bis zum Stillstand und nehmen Sie sich dann die nächste Übung vor.

Diese Übung können Sie ebenfalls wieder auf dem flachen Boden ausführen (normaler Ausfallschritt) oder mit dem hinteren Fuß erhöht auf einem Gegenstand, wie Baum, Mauer, Stein oder Parkbank. Absolvieren Sie ein Set.

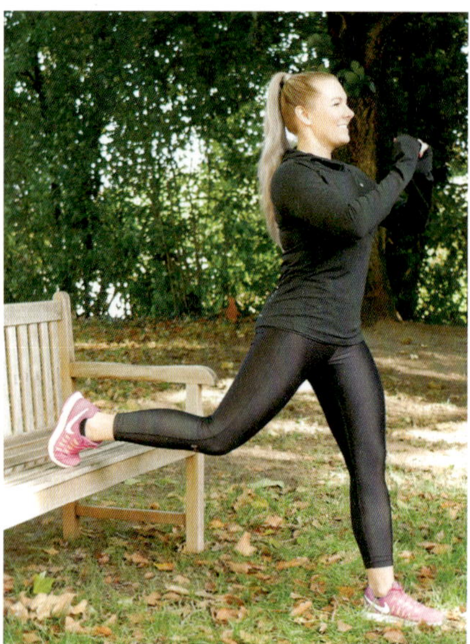

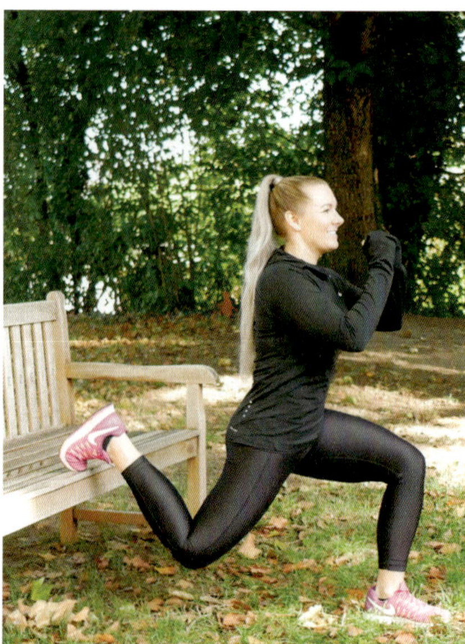

Laufen Sie wieder locker an, bis sich Ihre Atmung normalisiert hat und kehren Sie dann in Ihr Wohlfühltempo zurück. Verlangsamen Sie nach geraumer Zeit wieder sanft bis zum Stillstand und nehmen Sie sich dann die nächste Übung vor.

Diese Übung können Sie ebenfalls wieder auf dem flachen Boden ausführen (normaler Ausfallschritt) oder mit dem hinteren Fuß erhöht auf einem Gegenstand, wie Baum, Mauer, Stein oder Parkbank. Absolvieren Sie ein Set.

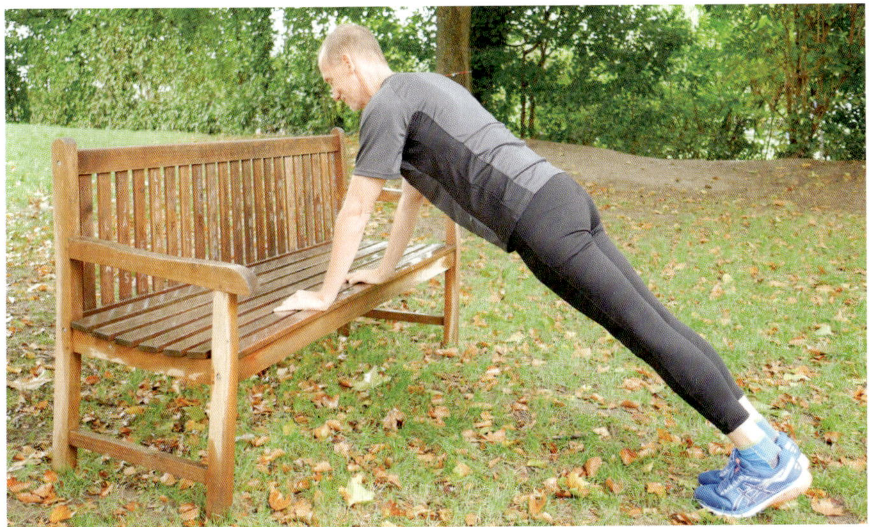

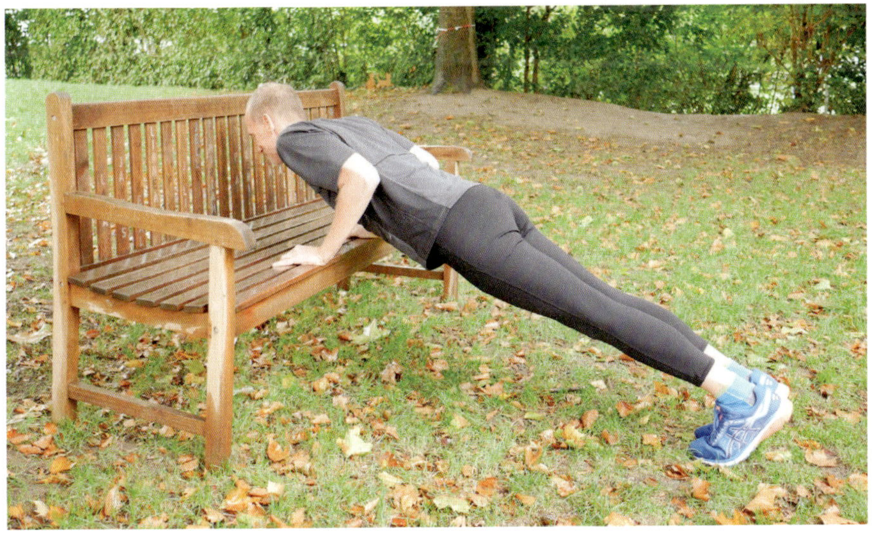

Laufen Sie danach wieder sanft weiter . . .

Dies ist nur ein Beispiel, wie Sie weitere Programme direkt in Ihr Laufen/Ihre Laufstrecke integrieren können. Dies sind natürlich die Übungen, deren Anzahl und Dosierungen frei variabel nach Ihren Bedürfnissen wähl- und anpassbar sind.

Sie haben es zum Beispiel schätzen gelernt, Ihre Übungen während Ihres Laufens an der Parkbank zu absolvieren, haben aber nicht so viele Parkbänke auf Ihrer Laufstrecke?

Dann gibt es verschiedene Lösungsansätze:

1. *Laufen Sie immer zwischen zwei bestimmten Bänken hin und her und absolvieren Sie dort jeweils Ihre Übungen. Dadurch mal nicht die gewohnte „Runde" zu laufen, ergibt einen zusätzlichen mentalen Kick.*
2. *Oder suchen Sie sich eine kleine Laufrunde aus, wo Sie mehrmals in den Runden an der Bank vorbeikommen.*

Wenn Ihnen auf Ihrer Laufstrecke tatsächlich keine Parkbänke begegnen, so ist das nicht tragisch. Absolvieren Sie die Übungen eben auf dem, was Ihnen begegnet. Auf dem Boden, erhöht auf einer Treppe, erhöht auf einem Stein, auf einem liegenden Baumstamm usw.

Reizvoll wäre es natürlich, wenn Sie sich für dieses Beispiel der Symbiose eine Laufstrecke aussuchen, welche (viele) Parkbänke hat. Zum Beispiel im Park oder auf der Promenade. Denn an den Parkbänken sind viele Kräftigungsübungen möglich.

Für weitere Inspiration möchte ich Sie gerne an zwei andere Bücher von mir verweisen:

„Das Parkbank-Workout" ISBN: 978-3-8403-7686-3
„DAS TRIMM-DICH-BUCH" ISBN: 978-3-8403-7609-2

9.9 LAUF-TABATA

Die Veränderung der Belastung müssen Sie nicht unbedingt dem Profil oder der Beschaffenheit der Laufstrecke überlassen, so wie zum Beispiel beim „Fahrtspiel" oder bei den „Brückenläufen". Nein, Sie können die Belastung auch per Zeitrhythmus verändern. Eine sehr ideale (und zeitsparende) Möglichkeit wäre, die Zeitsteuerung per Tabata in Ihr Laufen zu integrieren.

Ein Tabata sind acht Runden nonstop à 20 Sekunden Belastung und 10 Sekunden Entlastung.

Ein Tabata dauert gerade einmal vier Minuten. Diese Zeitsteuerung eignet sich also hervorragend, um auf Ihrer Laufstrecke eine Abwechslung zu setzen.

Ein solches Highlight könnte wie folgt aussehen:

Integrieren Sie vielleicht gegen Ende Ihres Laufs (aber nicht direkt am Ende, so, dass Sie am Ende noch etwas (aus-)laufen werden) das folgende Tabata:

Laufen Sie in Ihrem Wohlfühltempo.

Tabata-Runde 1: 20 Sekunden steigern Sie leicht Ihr Lauftempo.
Pause-Runde 1: 10 Sekunden Wohlfühltempo.

Tabata-Runde 2: 20 Sekunden steigern Sie Ihr Lauftempo etwas mehr als bei Tabata-Runde 1.
Pause-Runde 2: 10 Sekunden Wohlfühltempo.

Tabata-Runde 3: 20 Sekunden steigern Sie Ihr Lauftempo etwas mehr als bei Tabata-Runde 2.
Pause-Runde 3: 10 Sekunden Wohlfühltempo.

Tabata-Runde 4: 20 Sekunden steigern Sie Ihr Lauftempo etwas mehr als bei Tabata-Runde 3.
Pause-Runde 4: 10 Sekunden Wohlfühltempo.

Tabata-Runde 5: 20 Sekunden gleiches Lauftempo wie bei Tabata-Runde 3.
Pause-Runde 5: 10 Sekunden Wohlfühltempo.

Tabata-Runde 6: 20 Sekunden gleiches Lauftempo wie bei Tabata-Runde 3.
Pause-Runde 6: 10 Sekunden Wohlfühltempo.

Tabata-Runde 7: 20 Sekunden gleiches Lauftempo wie bei Tabata-Runde 2.
Pause-Runde 7: 10 Sekunden Wohlfühltempo.

Tabata-Runde 8: 20 Sekunden gleiches Lauftempo wie bei Tabata-Runde 1.
Pause-Runde 8: 10 Sekunden Wohlfühltempo.

Danach im Wohlfühltempo weiterlaufen.

Eine Tabata-Zeitsteuerung eignet sich nicht nur hervorragend, um beim Laufen zusätzliche Highlights zu setzen.

Sie bietet auch eine ideale Zeitsteuerung, wenn Sie nur ein sehr kleines Zeitbudget zur Verfügung haben. Zur Erinnerung: Ein Tabata = vier Minuten.

Und wer hat nicht vier Minuten Zeit am Tag?

Gut, zugegeben, da Sie sich davor ja auch aufwärmen sollten, ist Ihr zeitlicher Gesamt-Trainingseinsatz doch ein wenig länger als nur die vier Minuten Tabata-Dauer.

Eine kostenlose Tabata-App finden Sie für Ihr Handy oder auch für viele Laufuhren in den entsprechenden App-Stores.

***Anregung:** Versuchen Sie doch ein Tabata mal mit einer Übung aus den Kap. 4, 6 oder 8. Dazu wünsche ich Ihnen viel Spaß!*

9.10 ANDERE ZEITRHYTHMEN

Die Tabata-Zeitsteuerung hat es gezeigt, man kann in kurzer Zeit verdammt viel „bewegen".

Was sich zudem sehr gut eignet, sind andere Zeitrhythmen. Diese können Sie auch auf sich sehr gut zuschneiden. Finden Sie den Rhythmus, der zu Ihnen passt. Ein Rhythmus, der Sie mitzieht. Probieren Sie ruhig unterschiedliche aus. Gängige Zeitrhythmen sind zum Beispiel:

Belastung	Pause
30 Sekunden	30 Sekunden
40 Sekunden	20 Sekunden
45 Sekunden	15 Sekunden
60 Sekunden	30 Sekunden
60 Sekunden	60 Sekunden

Wählen Sie die Zeitsteuerung (oder auch eine andere) für sich aus, die am besten zu Ihnen passt.

Genauso ist auch die Rundenzahl flexibel. Sie können natürlich auch Ihre ausgesuchte Zeitsteuerung mit acht Runden wiederholen, so wie Sie es vom Tabata her kennen. Aber Sie müssen nicht. Es kann eine beliebige Zahl von Runden sein.

Machen Sie die Variablen Zeit (der Belastung und Entlastung) und Anzahl der Runden vom Schwierigkeitsgrad der Übung und von Ihrem Wohlgefühl abhängig.

9.11 HILLSPRINTS

Ich muss gestehen, bei diesem kleinen Kapitel habe ich mir tatsächlich Gedanken gemacht, es wieder zu streichen. Warum?

Nun, „Hillsprints" steigern definitiv Ihre Laufleistung. Gleichzeitig trainiert es Ihre Laufhaltung, Atmung, Ihre Kraft sowie das Herz-Kreislauf-System und Ihren Stoffwechsel.

Eigentlich eine sehr effektive Methode, um sein Laufen zu verbessern.

Das Problem ist nur: „Hillsprints" sind sehr, sehr anstrengend und viele Läufer, die sie trainieren, schießen über das Ziel hinaus. Das heißt, die Gefahr einer Überanstrengung physisch wie psychologisch ist sehr hoch.

Denn, der Name „Hillsprints" ist hier Programm.

Gemeint ist wirklich, dass Sie sich eine Steigung aussuchen und diese auf 50-100 m hinaufsprinten, dann locker wieder hinablaufen, um unten von Neuem die Steigung hinaufzujagen.

Wie gesagt, diese Übung ist nur mit absoluter Vorsicht zu genießen.

Etwas harmloser und dennoch effektiv ist das Brückenlaufen (s. Kap. 9.4).

9.12 LAUFEN ALS „NEBENSACHE"

Ein sehr tolles Spielchen ist das „Laufen als Nebensache".

Sie fragen sich zu Recht empört, wie können wir unser Laufen zur Nebensache degradieren.

Ich kann Ihnen versichern, das Laufen wird nur „anscheinend" zur Nebensache, denn in Wirklichkeit trainieren diese Spielchen das Laufen ungemein, auch wenn der Hauptfokus der Belastung etwas völlig anderes in den Mittelpunkt stellt und das Laufen „nur" als Funktion nebenher fungiert.

Das Spannende ist, dass die Trainingsaufgabe bei diesen Spielen, wie schon gesagt, eine ganz andere zu sein scheint, als das Laufen selbst.

Viel Spaß mit den folgenden Beispielen.

9.12.1 Auf einem Trimm-dich-Pfad laufen

Vielleicht gibt es bei Ihnen einen guten alten Trimm-dich-Pfad in der Nähe? Dann schlage ich vor, statten Sie diesem öfters einmal einen Besuch ab und absolvieren Sie die dort vorhandenen Geräte. Oft beinhalten diese Geräte funktionale Übungen und Übungen mit hohem Koordinationsbedarf, wie zum Beispiel die Balance zu halten (Gleichgewichtsfähigkeit). Also absolut ideal.

Die Hauptaufgabe liegt auf den vorhandenen Übungen. Die „Nebensache" ist das Laufen. ABER: Laufen Sie von Station zu Station. Absolvieren Sie an der Station die jeweilige Übung und laufen Sie direkt weiter zur nächsten Station.

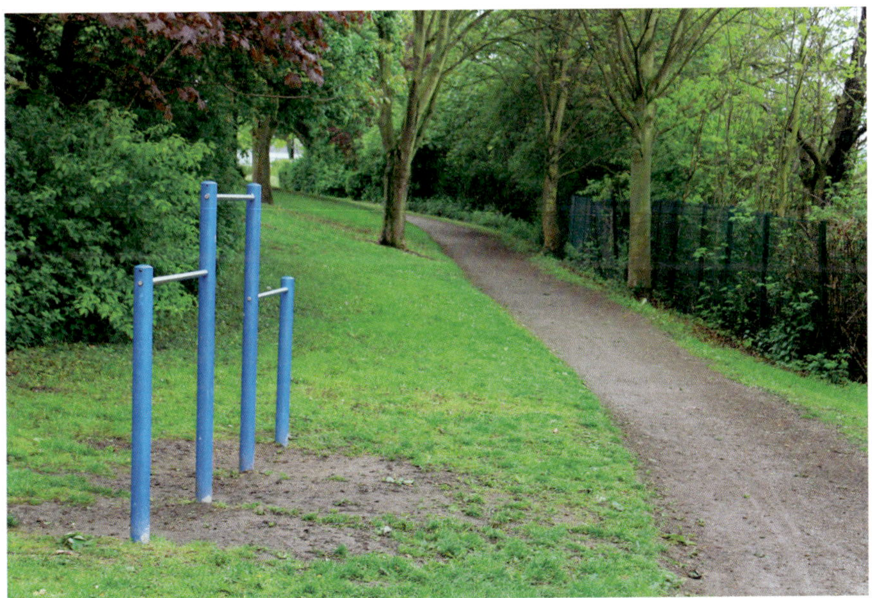

Das Schöne daran: Fast immer sind diese Trimm-dich-Pfade in die Natur eingebettet, in Parks oder im Wald.

ÜBRIGENS:

Sollten Sie jemals vorhaben, an einem Hindernislauf teilzunehmen, so eignet sich das Training auf einem Trimm-dich-Pfad sehr gut als Vorbereitung!

Wenn Sie noch mehr über das Training auf einem Trimm-dich-Pfad wissen möchten, zum Beispiel die korrekte Ausführung der Übungen, dann möchte ich Ihnen sehr gerne mein Buch „DAS TRIMM-DICH-BUCH" ans Herz legen!

9.12.2 Zwei Fliegen mit einer Klappe

Sie haben erkannt, wie wertvoll die in diesem Buch enthaltenden Übungen für Ihr Laufen und Ihren Körper sind. Sie möchten sich nun voller Eifer zum Beispiel den Kräftigungsübungen widmen.

Dann schlagen Sie doch zwei Fliegen mit einer Klappe!

Soll heißen: Absolvieren Sie das Training auf einer Laufstrecke und immer, wenn Sie Ihre Erholungspause haben, dann laufen Sie als aktive Erholung – bis Sie erholt genug sind für den nächsten Satz oder für die nächste Übung.

Sie möchten zum Beispiel folgende Übungen aus Kap 8 absolvieren:

Drei Sätze à 10 Wiederholungen von folgenden Kapiteln:

8.2.1 Push,
8.2.3 Squat,
8.2.4 Lunges,

dann bauen Sie die Übungen in Ihr Laufen ein. Laufen Sie zwischen den Sätzen 400 m weiter (eine Runde auf der Tartanbahn im Stadion) und zwischen den Übungen selbst 1.200 m (drei Runden auf der Tartanbahn im Stadion).

Die Hauptaufgabe ist das Training der Übungen. Die „Nebensache" ist das Laufen als aktive Pause.

9.12.3 Hero

Dieses Kapitel ähnelt dem vorherigen Kapitel, hat aber dennoch ein völlig anderes Aussehen und beinhaltet die Symbiose aus Kräftigungstraining und Laufen.

Nehmen Sie sich zum Beispiel vor, 100 korrekte Liegestütze zu absolvieren.

Die Regeln lauten:

1. Sie dürfen so viele und so lange Pausen machen, wie Sie nur wollen, aber:
2. In der Pause muss immer gelaufen werden.

Messen Sie dabei, wie lange Sie für diese Gesamtaufgabe gebraucht haben und wie weit Sie dabei gelaufen sind. Schreiben Sie sich die Werte auf und versuchen Sie, diese eventuell beim nächsten Mal zu schlagen.

Die Hauptaufgabe ist das Vollenden der 100 Liegestütze. Die „Nebensache" ist das Laufen als aktive Pause.

ÜBRIGENS:

Die Auswahl der Übungen und die Anzahl der Wiederholungen ist natürlich variabel und Ihnen überlassen.

Aber: Entscheiden Sie sich für eine Kombination aus Übung und Wiederholungszahl, wobei Sie vorher bereits genau wissen, dass Sie so einige Pausen brauchen werden!

Werden Sie im Gesamtergebnis zum Hero!

9.12.4 Orientierungslauf: „Wo bitte geht's nach Hollywood?"

Orientierungsläufe sind fast schon der Inbegriff für (unvorhergesehene) Abwechslung beim Laufen! Oftmals weiß man eben nicht, was an Gelände, Umgebung, Profil und Untergrund der Strecke auf einen zukommt. Und wie finde ich zum Ziel? Orientierung (mit Kompass, Karte) ist nun gefragt und nicht, dass man die schnellsten Beine hat. Oftmals ein spannendes Abenteuer.

Suchen Sie nach solchen Veranstaltungen. Gerne auch in Form von Geocaching.

Die Hauptaufgabe ist die Orientierung. Die „Nebensache" ist das Laufen als Fortbewegungsmittel.

Wenn Sie dies ohne Veranstaltung machen wollen, dann lassen Sie sich einfach in einem entsprechenden Radius zu Ihrem Ziel „aussetzen" und orientieren/laufen Sie zum Ziel.

Achten Sie bitte unbedingt darauf, dass es im gesamten Gebiet Handyempfang gibt, falls Sie doch einmal die Orientierung verlieren und/oder Hilfe benötigen!

Lauftransfer: *Enorm funktionale Updates/Abwechslungen/Erweiterungen auf Ihrer Hauslaufstrecke!*

Alltagstransfer: *Enormer Zugewinn an Fitness, auch spürbar in Ihrem Alltag!*

ÜBRIGENS:

Mit diesem Programm haben Sie, je nach Gestaltung der Laufspiele, die folgenden motorischen Fähigkeiten absolviert:

Kraft, Ausdauer, Beweglichkeit, Koordination und Schnelligkeit.

Durch ein abwechslungsreiches Lauftraining wird Ihr Laufen definitiv besser!

Und genau das wird durch die Laufspiele gewährleistet.

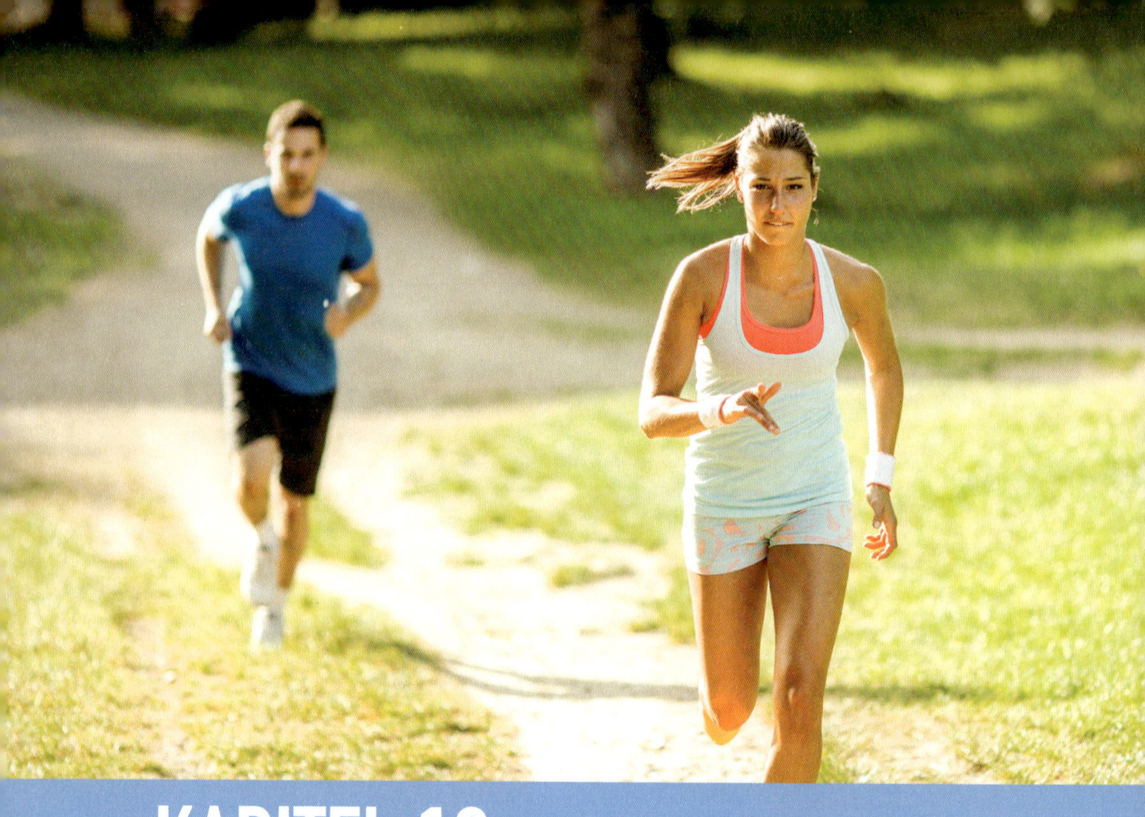

KAPITEL 10

10 EMPFOHLENER BLICK ÜBER DEN TELLERRAND

In diesem Kapitel möchte ich Ihnen sehr gerne Outdoor-Sport-Möglichkeiten beziehungsweise Alternativen empfehlen, um durch andere Bewegungsformen und Strömungen/Trends Ihr Laufen positiv zu beeinflussen. Dieses Kapitel kann Ihnen aber nur einen Blick über den Tellerrand ermöglichen.

Bei Gefallen müssten Sie allerdings selbst tiefer in die jeweilige Materie einsteigen, denn näher in diesem Buch darauf einzugehen, würde den Umfang sprengen. Aber dennoch sind meine Empfehlungen für Sie sehr wertvoll für Ihr Laufen.

WAS BRINGT IHNEN DIESES KAPITEL?

Wodurch wird in diesem Kapitel Ihr Laufen/Ihre Laufleistung besser?

» *Neue Einflüsse auf Ihren Körper, welche Ihr Laufen bereichern.*

» *Tolle Outdoor-Fitness-Programme und für jeden Laufanfänger praktikabel.*

» *Sie werden durch diesen Baustein nachhaltig einfach besser!*

10.1 NORDIC WALKING

Hiermit möchte ich eine Lanze brechen für das wunderbare und äußerst wertvolle Nordic Walking.

Richtig ausgeführt, bietet dieser Sport so viel für jeden Läufer. Und genau hier liegt auch der Irrtum und gleichzeitig das Problem.

Sehr viele Läufer belächeln Nordic Walking, weil Sie es selten richtig ausgeführt sehen. Würden Sie stattdessen Sportler sehen, welche Nordic Walking korrekt als SPORT ausüben, würde bestimmt fast jeder Läufer das Verlangen verspüren, es einmal ausprobieren zu wollen. Und von denen, die es ausprobieren, würden garantiert viele vermutlich das Nordic Walking als Abwechslung und Alternative wählen.

Nordic Walking ist ein Sport! Und was für einer! Aber leider von so vielen Menschen falsch ausgeführt, weil sie es nie gelernt haben. Ich möchte diesen Personen nicht zu nahetreten, aber Sie können Nordic Walking NICHT ausführen, wenn Sie es nie GELERNT haben!

Das Thema ist so komplex, dass es nicht ohne Grund eigens dafür Bücher oder Seminare gibt.

Ich möchte gerne jeden Leser motivieren, sich Nordic Walking mal ein wenig genauer anzuschauen. Sie werden dann bestimmt feststellen, dass es auch für Sie als Läufer eine absolute Bereicherung und Weiterentwicklung ist. Sei es die größere Anzahl an Muskulatur, welche beim Nordic Walking im Vergleich zum Laufen beansprucht wird, oder die Körperhaltung, oder der Antrieb über Beine UND Arme (via Stöcke).

Leider kann ich Ihnen diese Technik nicht in diesem Buch aufzeigen, es würde einfach den Rahmen dieses Buchs sprengen. Aber, was ich möchte, Sie ein wenig neugierig zu machen.

Vorteile:

» Sie können große Strecken laufen.
» Es beansprucht nahezu Ihren kompletten Bewegungsapparat und ist dennoch schonend.
» Mit der korrekten Technik entwickelt sich eine sehr schnelle Gangbewegung.
» Es entwickelt eine tolle Körperstabilität.

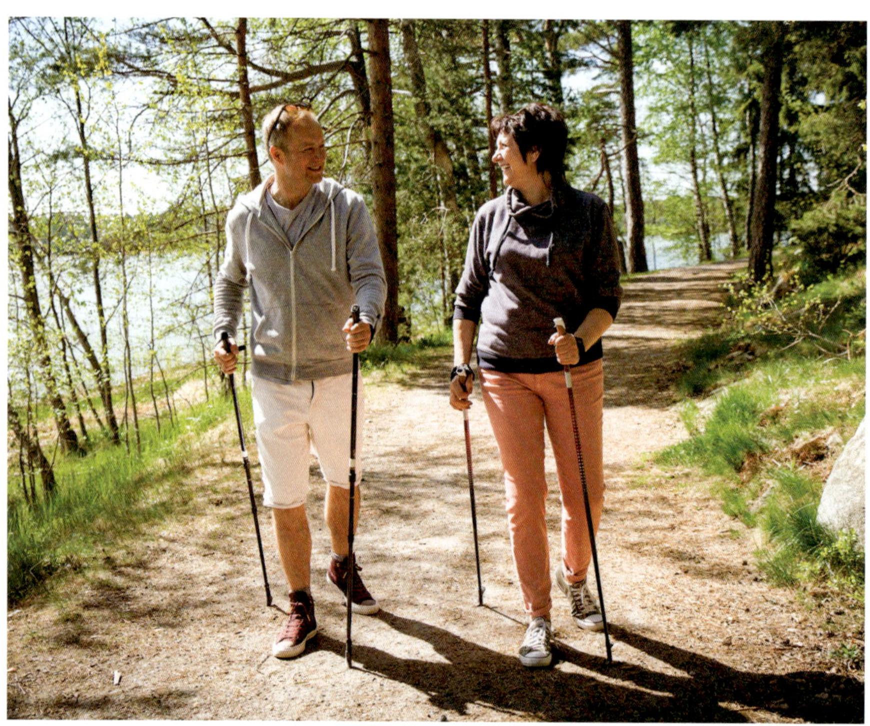

Probieren Sie es aus, es bringt Sie weiter!

10.2 MARSCHIEREN

Ein wesentlicher Vorteil, welchen ich beim Marschieren habe, ist, dass bei diesem Bewegungsablauf – genau wie beim Nordic Walking – immer ein Fuß auf dem Boden bleibt. Das heißt, ich habe bei dieser Bewegung keine Flugphase wie beim Laufen und damit auch keine Landephase. Deshalb kann ich auch problemlos auf meinen Rücken einen Rucksack tragen, um für längere Touren Verpflegung mitzunehmen oder um mit zusätzlichem Gewicht zu trainieren.

Marschieren ist ein sehr schnelles Gehen mit ausladenden Schritten. Das strengt an, ist für den Körper dennoch schonend und unterstützt das Ausdauertraining. Nehmen Sie dabei Ihre Arme aktiv mit, am besten so, als würden Sie sprinten.

Vorteile:

» Sie können große Strecken laufen.

» Mit der korrekten Technik entwickelt sich eine sehr schnelle Gangbewegung.

» Ein Training mit Zusatzgewicht (Rucksack) ist möglich.

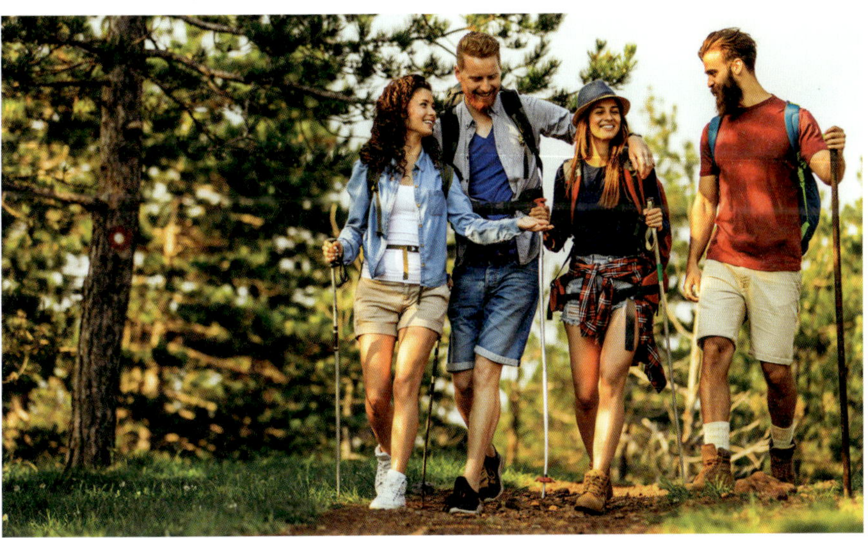

Probieren Sie es aus, es bringt Sie weiter!

10.3 LAUFEN – GEHEN – LAUFEN NACH DER JEFF-GALLOWAY-METHODE

Anfang der 1990er-Jahre hat Jeff Galloway in den USA einen tollen Trend entwickelt: *die Run-Walk-Run-Methode.*

Die Kernbotschaft dieses Trends ist, dass der Läufer, noch bevor er müde wird, eine Gehpause einstreut, und dann wieder bis zur nächsten rechtzeitigen Gehpause weiterläuft.

Dadurch ist der Läufer in der Lage, seine Müdigkeit zu kontrollieren und so wesentlich längere Strecken laufen zu können. Durch die Methode, so Jeff Galloway, werden auch die Regenerationszeiten nach der Laufeinheit niedriger gehalten, weil diese Methode wesentlich milder in der Anstrengung auf den Körper wirkt.

Ein sehr interessanter Ansatz, gerade im Kontext mit modernen Wissenschaftlern, welche annehmen, dass das Laufverhalten unserer Vorfahren vor 10.000 bis 20.000 Jahren bei der Jagd auch ein optimaler Mix aus Gehen und Laufen gewesen sein soll. Interessant, nicht wahr? Denken Sie doch einmal darüber nach und probieren Sie es ruhig einmal aus!

Vorteile:

» Sie können große Strecken laufen.
» Sie brauchen weniger Regenerationszeiten.
» Mental sehr entspanntes Training!

„Gehen Sie, bevor Sie ermüden!“

Galloway, Jeff. Die Run-Walk-Run-Methode: Jeder kann laufen (German Edition). Meyer & Meyer. Kindle-Version.

Probieren Sie es aus, es bringt Sie weiter!

WAS BRINGT IHNEN DIESES KAPITEL?

Wodurch wird in diesem Kapitel Ihr Laufen/Ihre Laufleistung besser?

» *Interessante, neue Reize durch neue (laufverwandte) Bewegungsmuster.*

» *Ausdauerübungen mit teilweise höherem muskulärem Anteil als beim Laufen selbst.*

Das Schöne am Laufen ist: Man kann es nahezu immer und überall genießen. Obwohl es outdoor natürlich am schönsten ist, kann es vorkommen, dass es manchmal doch nur indoor absolviert werden kann.

Sollte es tatsächlich eine Situation erfordern, das Laufen indoor zu absolvieren, so eröffne ich Ihnen mit diesem Programm den Blick auf verschiedene Möglichkeiten.

10.4 LAUFBAND

Klar, der Klassiker des Indoorlaufens. Jedoch unterscheidet sich das Laufen auf einem Laufband erheblich vom Laufen an der frischen Luft.

Der hauptsächlichste Unterschied besteht darin, dass beim Laufen auf einem Laufband sich der Boden bewegt, draußen hingegen nicht. Damit man eine vergleichbare Kraftübertragung hat, empfehle ich Ihnen, auf dem Laufband mindestens 2 % Steigung einzustellen. Stellen Sie sich auch ein Getränk hin, da Sie auf einem Laufband gewöhnlich keine frische Luft oder Wind haben. Nur stehende Luft, meist bei Zimmertemperatur.

Eine weitere Umstellung, auf einem Laufband zu trainieren, ist, dass Sie immer den Fuß gleich aufsetzen. Schritt für Schritt. Keine einzige Bodenwelle, die Ihnen hilft, den Fuß einmal anders aufzusetzen. Sehr monoton für Ihren Körper.

Schauen Sie beim Laufen auf dem Laufband nicht zu sehr auf den sich bewegenden Boden. Dies kann bei manchen Menschen Schwindel erzeugen! Auch wenn Sie das

Laufen auf dem Laufband beendet haben, warten Sie besser einen Moment auf dem Gerät, bevor Sie wieder „festen Boden" unter Ihre Füße nehmen, denn auch das kann Schwindel verursachen.

Im Großen und Ganzen bietet das Laufband eine (gewisse) Alternative, wenn man die erwähnten Abstriche in Kauf nimmt.

Vorteile:

» Außer, dass es indoor ist – wenn es indoor unbedingt sein muss – , keine.

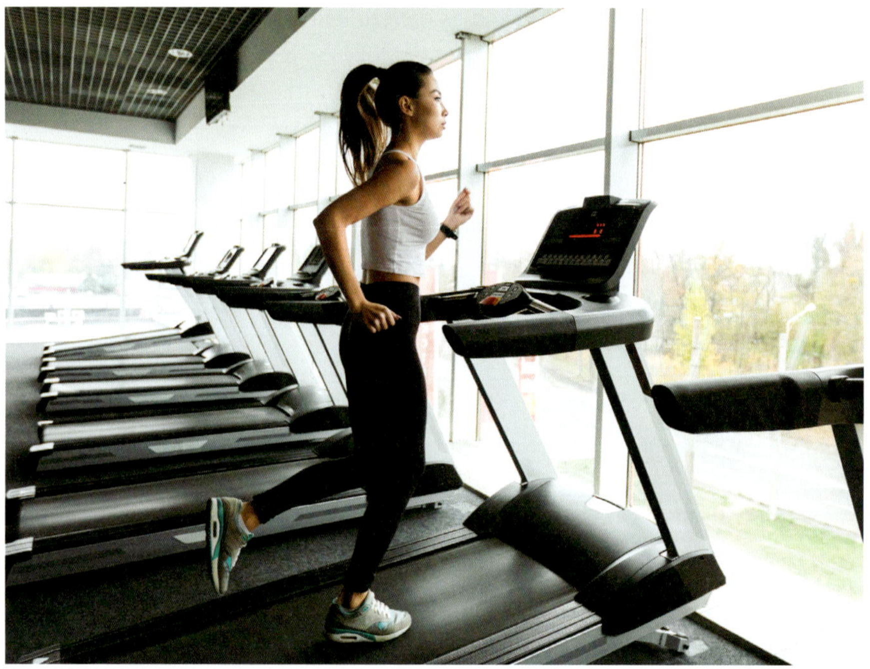

10.5 CROSSTRAINER

Der Crosstrainer hat im Gegensatz zum Laufband für Ihren Körper schon wesentlich mehr zu bieten – das hätten Sie nicht gedacht, stimmt's?

Das Tolle am Crosstrainer ist, dass, wenn Sie wissen, wie, dann können Sie ca. 90 % Ihrer Muskeln auf einmal bewegen und ein komplettes Ausdauertraining absolvieren!

Stellen Sie sich auf einem Crosstrainer und crossen Sie sich locker ein. Achten Sie darauf, dass Ihr Körper aufrecht ist, Ihr Hals in der Verlängerung der Wirbelsäule. Spannen Sie nun Ihren Bauch an und halten Sie diese Bauchspannung konstant bei.

Halten Sie sich an den Handgriffen fest und beginnen Sie, aus eigener Kraft, mit Ihren Armen zu drücken und zu ziehen. Bei jeder Bewegung. Also während Sie unten mit Ihren Beinen „gehen", erfolgt oben mit den Armen ein aktives Drücken, Ziehen, Drücken, Ziehen usw.

Vorsicht! Ab dem Moment, wo Sie mit Ihren Armen aktiv drücken und ziehen, haben Sie einen Antrieb über vier Gliedmaßen! Das heißt, Sie werden wesentlich schneller. Also bremsen Sie mit Ihrer Beinbewegung etwas ab.

Sie werden schnell spüren: Es bewegt sich der ganze Körper und Ihr Gespür irrt sich nicht, denn es sind, wie gesagt, ca. 90 % Ihrer Muskeln, die sich bewegen.

Vorteile:

» Ca. 90 % Ihrer Muskeln nehmen Sie mit ins Ausdauertraining.
» Eine interessante Abwechslung für jeden Körper.

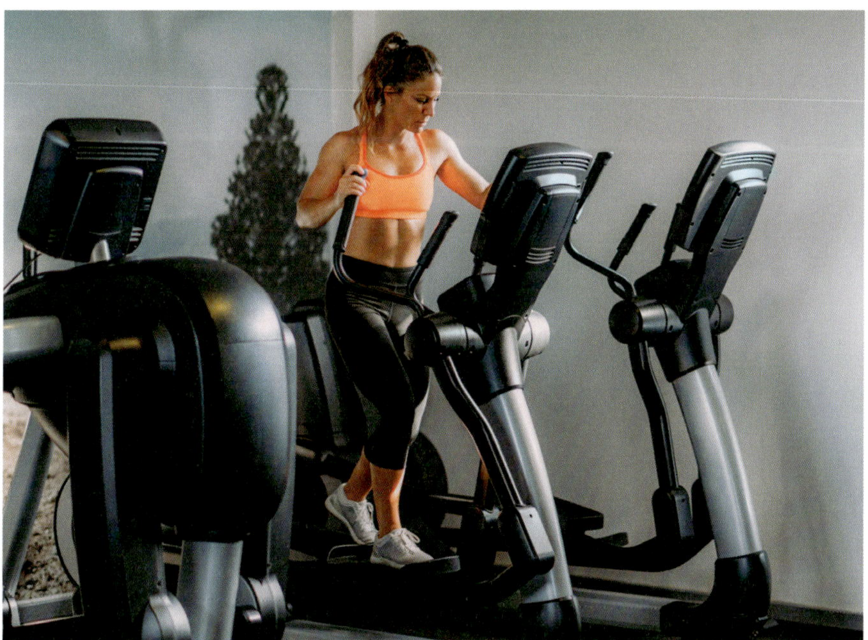

10.6 RUDERMASCHINE

Einen ähnlichen Vorteil für Ihren Körper wie der Crosstrainer bietet der Ruderergometer. Wieder wird ein sehr hoher muskulärer Anteil bewegt. Das Einzige, was mir persönlich nicht so sehr aus der Perspektive des Läufers gefällt, ist die sitzende Position, denn Laufen ist mit erhobenem Haupt aufrecht durch den Park zu schweben.

Vorteile:

» Ca. 90 % Ihrer Muskeln nehmen Sie mit in die Ausdauer.

» Eine interessante Abwechslung für jeden Laufkörper (trotz sitzender Haltung).

» Eventuell auch sinnvoll bei Laufverletzungen.

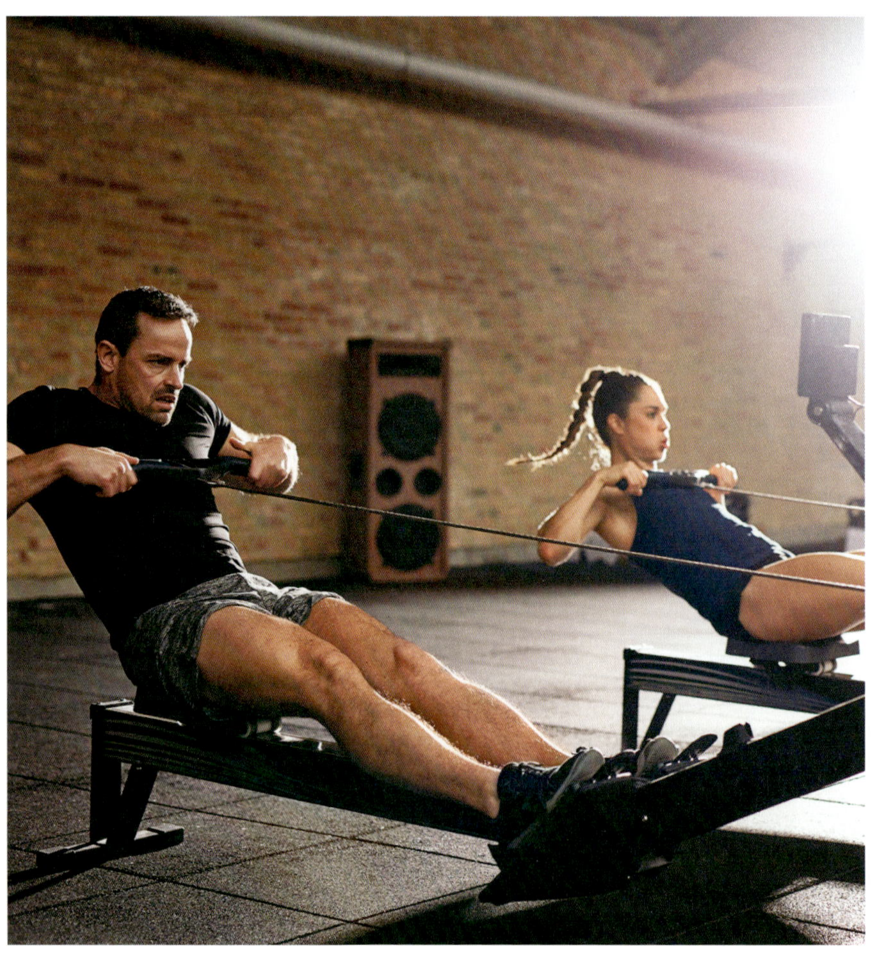

10.7 AUF DER STELLE LAUFEN UND ÜBUNGEN AUSFÜHREN

Eine geniale Indooralternative, welche tatsächlich ohne Gerät auskommt, ist das Laufen auf der Stelle und die Ausübung von Kräftigungsübungen.

Dazu laufen Sie einfach auf der Stelle für eine gewisse Zeit und absolvieren dann eine bestimmte Wiederholungszahl einer bestimmten Übung. Das wäre dann eine Runde.

Ein Beispiel:
Laufen Sie zwei Minuten locker auf der Stelle.

Absolvieren Sie 10 „Burpees" aus Kap. 8.

Das war eine Runde.

Wie viele Runden schaffen Sie?

Bei diesem Beispiel können Sie natürlich alles verändern:

Die Zeit, wie lange Sie als Runde laufen, sowie die Kräftigungsübung und deren Wiederholungszahl.

In diesem Beispiel habe ich bewusst die extrem anstrengende Übung „Burpee" genommen, um zu zeigen, dass das Laufen auch als aktive Pause verwendet werden kann oder je nach Übung sogar sein muss!

Vorteile:

» Die muskulären Schwerpunkte sind durch die Auswahl der Übung frei auswählbar.
» Eine interessante Abwechslung für jeden Läufer: Das Laufen in Verbindung mit einer Kräftigungsübung als „aktive Erholung" einzusetzen.

10.8 AQUAJOGGING

Zwar nicht über das Wasser laufen . . . aber dafür im Wasser! Wow, welch eine Erfahrung! Ich weiß nicht, ob Sie dies schon einmal gespürt haben, wenn man im kühlen Nass anfängt zu schwitzen. Interessantes Gefühl.

Aquajogging ist für eine solch schonende Bewegung verflixt anstrengend. Eine Erfahrung, welche unbedingt jeder Läufer einmal machen sollte. Aber bitte freiwillig und nicht aufgrund einer Verletzung dazu gezwungen!

Vorteile:

» Sehr schonend, trotz der Anstrengung.
» Eine interessante Abwechslung.
» Eventuell auch sinnvoll bei Laufverletzungen.

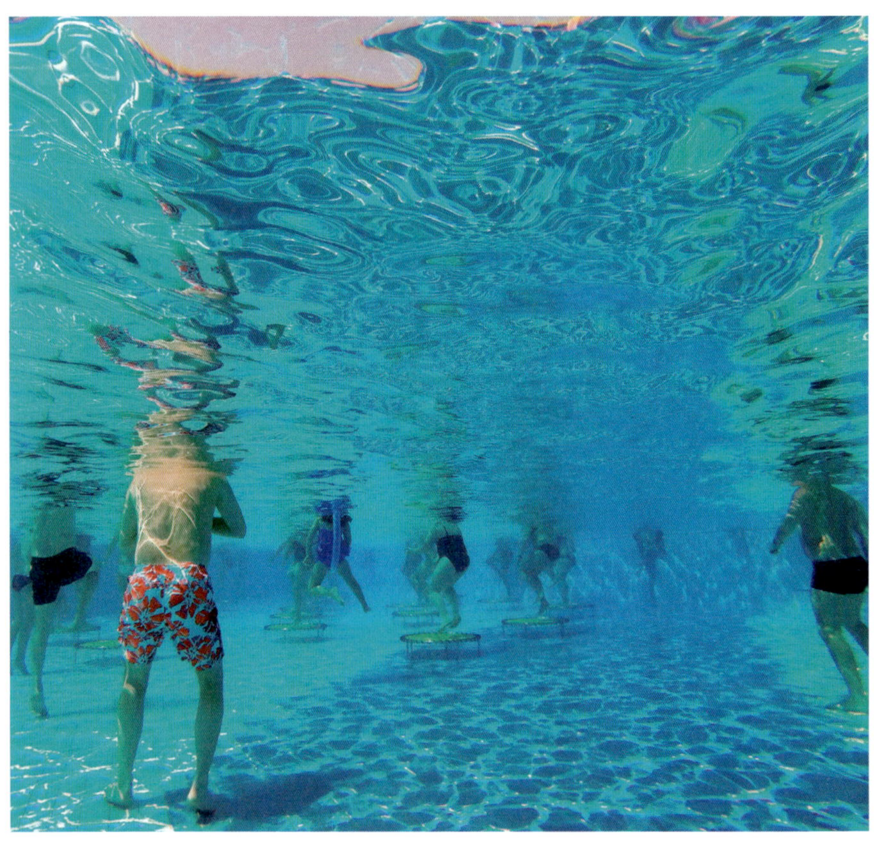

Lauftransfer: *Diese Indooralternativen bieten einen hervorragenden Zugewinn für die muskuläre Entwicklung Ihres Körpers!*

Alltagstransfer: *Die Ansteuerung vieler Muskelfasern im Ausdauerbereich wirkt sich auch sehr vorteilhaft auf Ihre Fitness im Alltag aus!*

Das Einstreuen anderer Bewegungsformen und Ihre körperliche Anpassung verbessert Ihr Laufen definitiv!

Und genau das wird durch diese Laufalternativen gewährleistet.

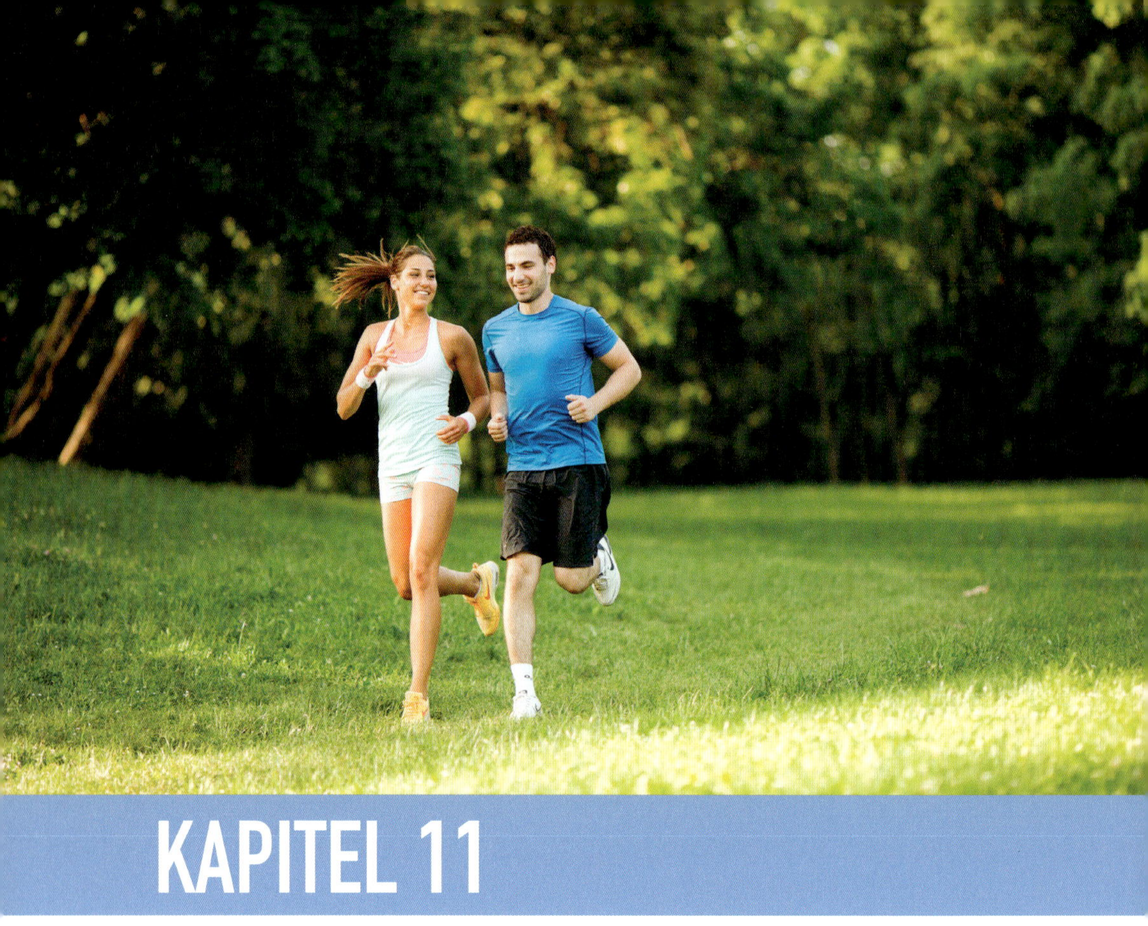

KAPITEL 11

11 PRÄVENTION

11.1 DIE DOSIERUNGEN HINTERFRAGEN

Wenn Sie ohne (Lauf-)Trainingsplan trainieren, achten Sie darauf, dass die Dosierung Ihres Trainings immer stimmig zu Ihrem persönlichen Wohlbefinden ist.

Das Gleiche gilt natürlich auch, wenn Sie mit einem Lauftrainingsplan trainieren.

Hören Sie immer in Ihren Körper hinein.

Bekommen Sie Schmerzen? Dann reagieren Sie und klären Sie die Ursache ab!

Fühlen Sie sich müde, antriebslos und lassen Sie den Kopf hängen?

WAS BRINGT IHNEN DIESES KAPITEL?

Wodurch wird in diesem Kapitel Ihr Laufen/Ihre Laufleistung besser?

» *Das hier angebotene Training unterstützt Ihre Erholung und macht eine Leistungsentwicklung überhaupt erst möglich!*

» *Dieses Training kann Sie zudem vor Überlastungen schützen.*

» *Sie werden durch diesen Baustein nachhaltig einfach besser!*

Überprüfen Sie Ihre Gesundheit und/oder Ihr Trainingsverhalten anhand der in Kap. 1 beschriebenen Trainingsmittel. Haben Sie die Belastung Ihrem Niveau und Ihrer Motivation entsprechend gewählt?

Wichtig ist, dass Sie solchen Vorzeichen unbedingt Beachtung schenken und sie NIEMALS ignorieren. Ein Ignorieren wäre fatal und funktioniert auf Dauer nicht, denn merken Sie sich: „Ihr Körper setzt sich immer durch!" Hören Sie also besser gleich auf ihn. Legen Sie eine Pause ein und/oder legen Ihre Füße hoch.

„Ihr Körper setzt sich immer durch!"

11.2 FASZIENROLLE

Die Faszienrolle kann/wird nach dem Laufen den Po und die Beine hervorragend entspannen. Durch den Druck der Rolle lösen sich Verklebungen und Verhärtungen der Muskulatur und ihre Durchblutung wird gefördert.

Setzen Sie sich auf Ihre Foam-Roll/Faszienrolle und rollen Sie sich in langsamen Bewegungen mit Ihrem Po über die Rolle.

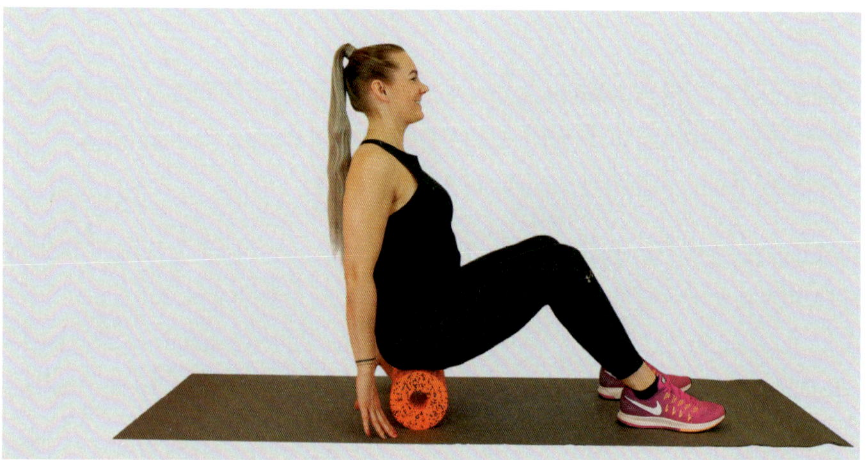

Rollen Sie nun vom Po langsam abwärts zu Ihren hinteren Oberschenkeln. Rollen Sie langsam über den Oberschenkel.

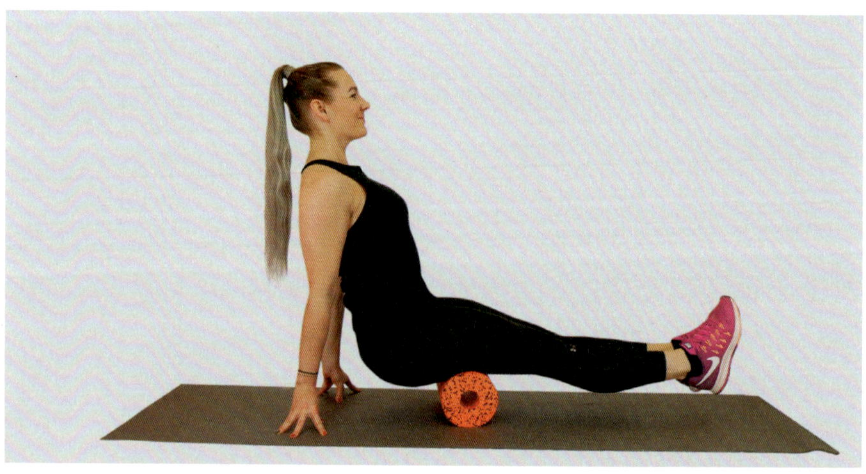

Alternativ können Sie auch Bein für Bein separat mit der Rolle „bearbeiten".

Siehe Beispiel:

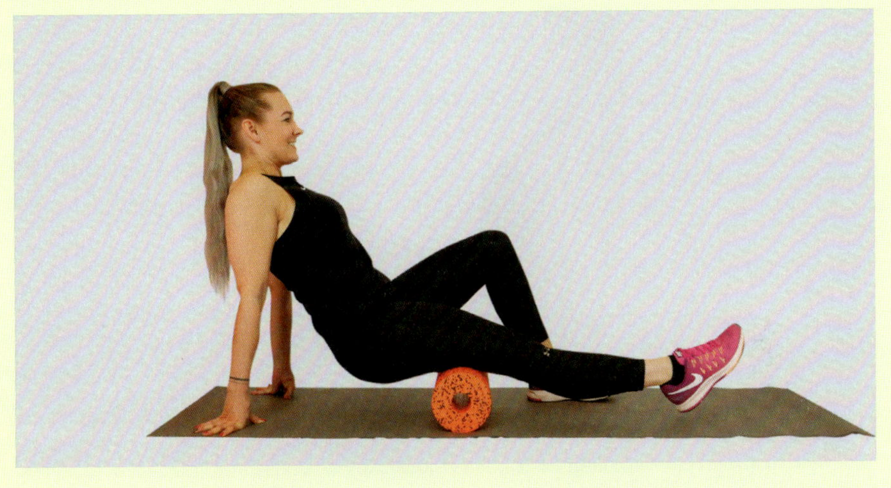

Rollen Sie tiefer bis zu Ihrer Wade.

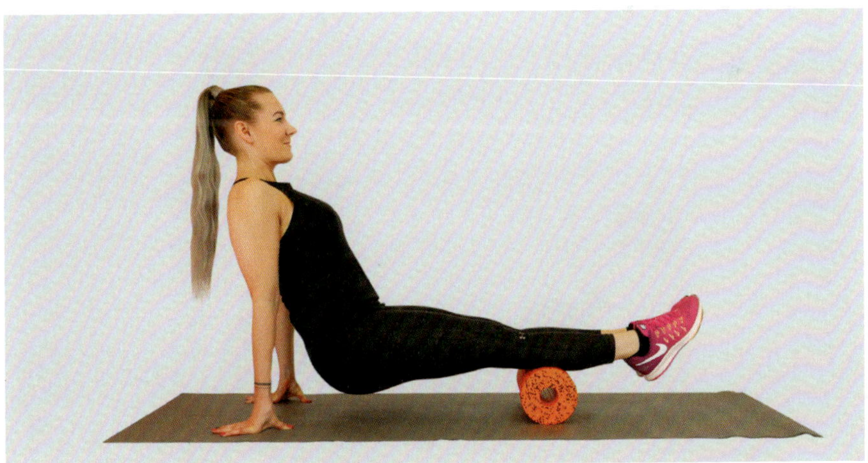

Absolvieren Sie die Übungen insgesamt mit beiden Beinen!

Platzieren Sie sich erneut mit dem Po auf der Rolle. Nun rollen Sie aber in Richtung des unteren Rückens.

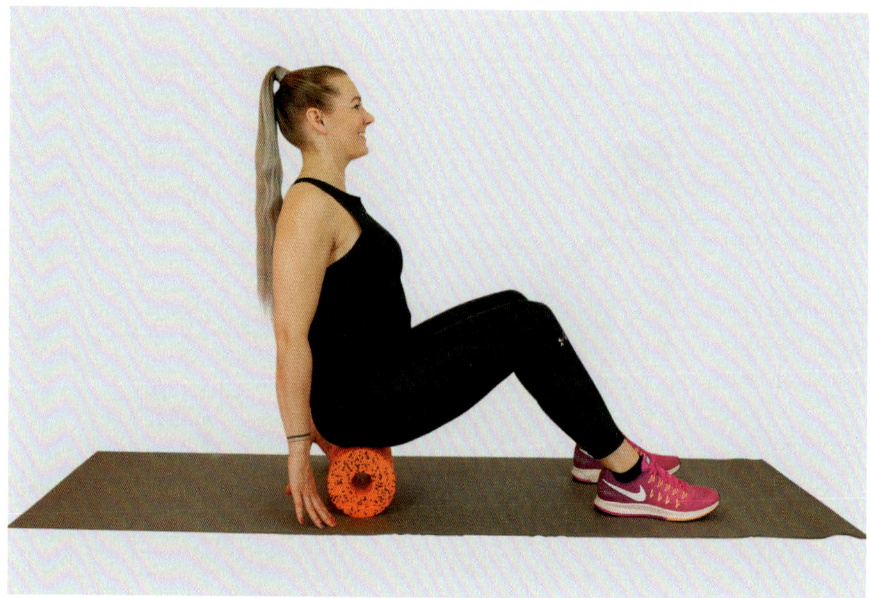

Rollen Sie nun über den unteren Rücken.

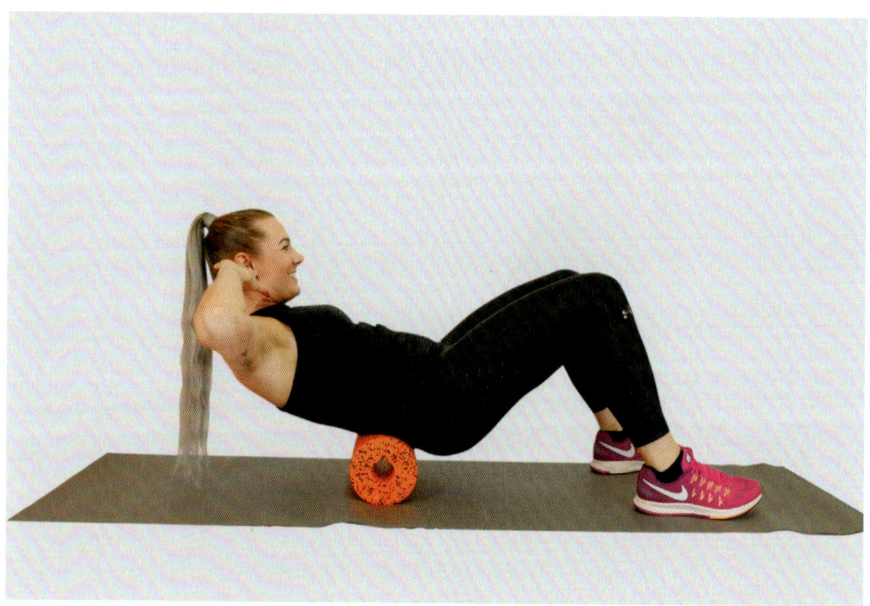

Sollte Ihnen das Rollen über den unteren Rücken auf dem Boden Schmerzen bereiten, so absolvieren Sie diese Übung bitte an einer Wand.

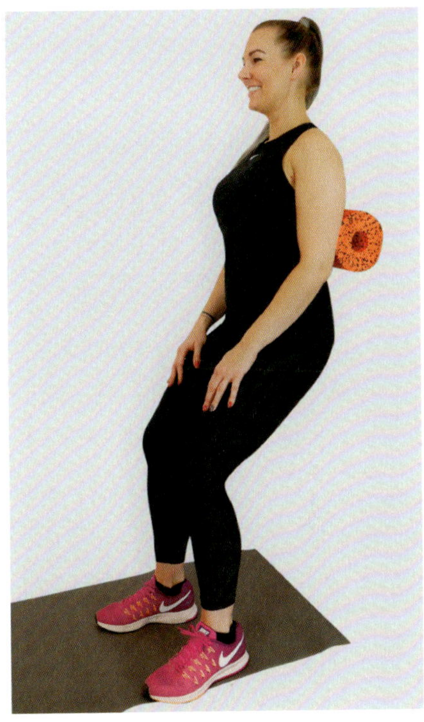

Rollen Sie über den oberen Rücken.

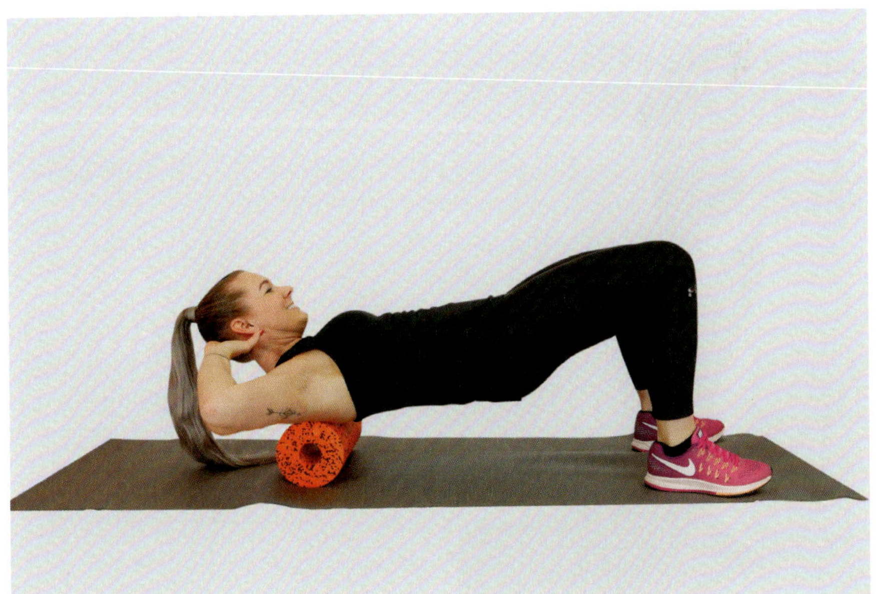

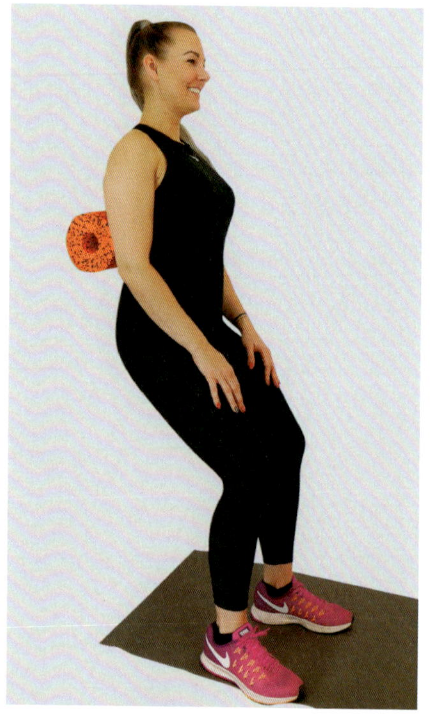

Sollte Ihnen das Rollen über den oberen Rücken auf dem Boden Schmerzen bereiten, so absolvieren Sie diese Übung bitte an einer Wand.

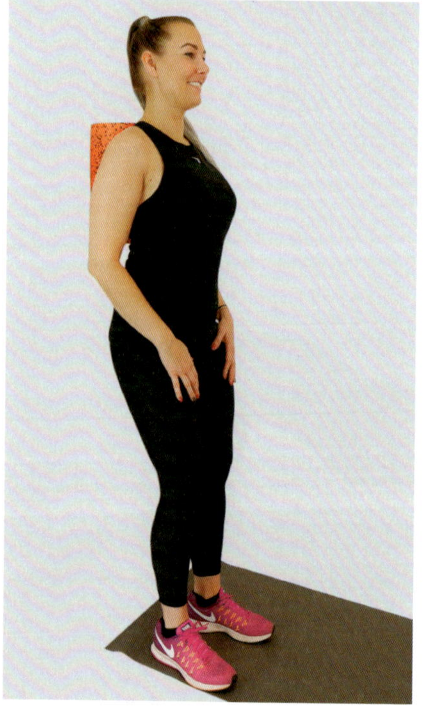

Stellen Sie sich an eine Wand und nehmen Sie die Rolle hochkant zwischen Ihre Schulterblätter. Rollen Sie sanft hin und her.

Gehen Sie wieder auf den Boden und rollen Sie die Oberschenkelvorderseite.

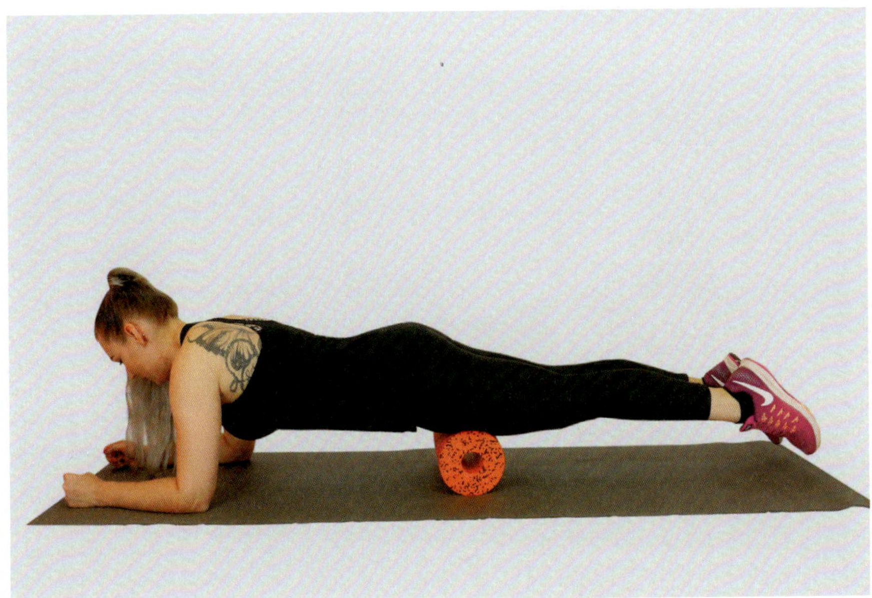

Nun die Oberschenkelaußenseite.

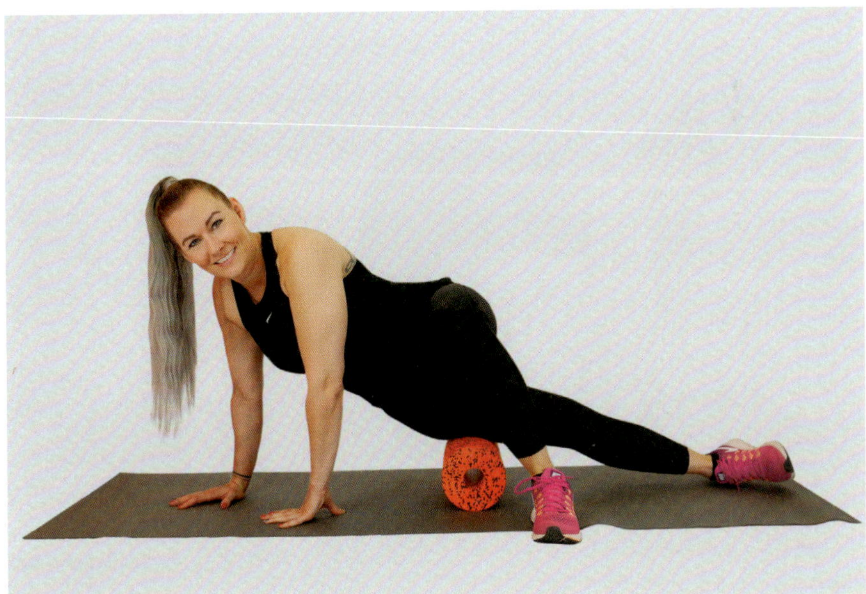

Nun die Oberschenkelinnenseite.

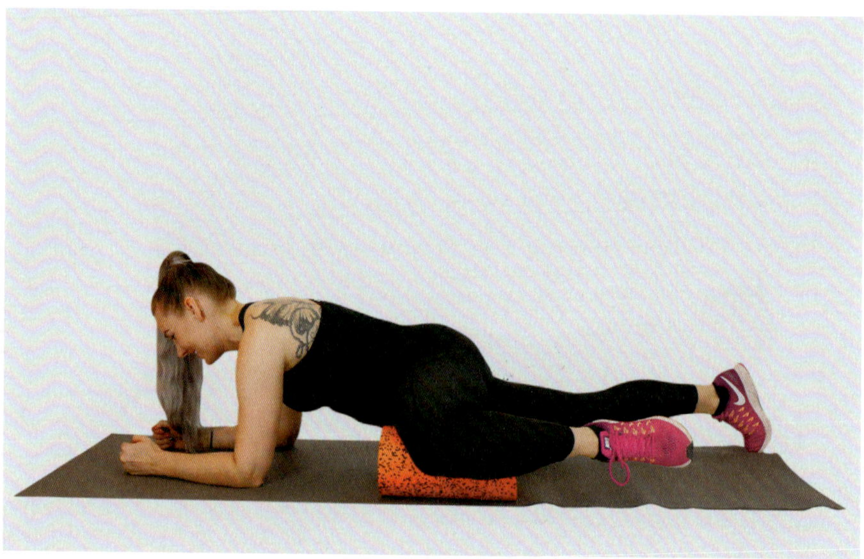

Und das Schienbein.

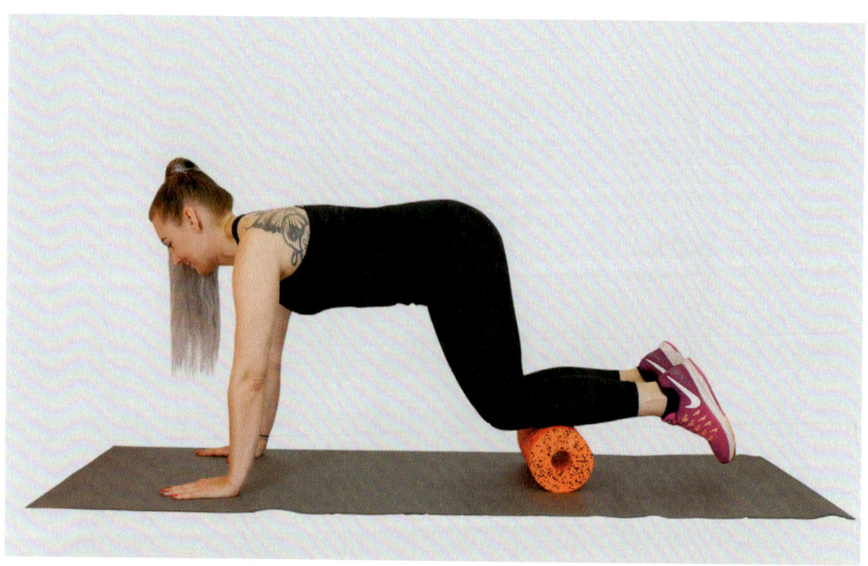

Absolvieren Sie die Übungen insgesamt mit beiden Beinen!

11.3 AUSREICHEND SCHLAF

Ausreichend Schlaf ist eine tragende Säule Ihrer Gesundheit. Weitere Säulen wären eine ausgewogene Ernährung sowie eine bedarfsangepasste Bewegung.

Ebenso spielt ausreichend Schlaf eine sehr große Rolle bei Ihrer Erholung/Regeneration und dies wirkt sich auch auf die persönliche Leistungsentwicklung aus. Denn wie schon im Zusammenhang mit der Superkompensation (vgl. Kap. 1) in diesem Buch erklärt, spielt die Erholung/Regeneration eine maßgebliche Rolle bei der Leistungsentwicklung.

Wie viel ein Mensch an Schlaf braucht, dafür gibt es unterschiedliche Empfehlungen. Oftmals wird der Wert von 7-8 Stunden genannt. Man darf allerdings nicht vergessen, dass Menschen unterschiedlich sind. Der eine braucht eher eine Schlaflänge von sechs Stunden, ein anderer vielleicht neun Stunden. Sie selbst wissen am besten, was Sie genau für sich brauchen.

Allerdings gilt es unbedingt zu verhindern, dass Sie zu wenig schlafen, denn Schlaf ist schließlich die höchste Form der Entspannung. Geizen Sie also nicht damit, denn dies gefährdet auf Dauer Ihre Gesundheit und hemmt Ihre Leistungsentwicklung.

Oftmals bietet es sich auch an, sich zusätzlich tagsüber hinzulegen, um sich zu erholen. Vielleicht nach dem langen Lauf am Wochenende. Im Profisport oder in Trainingslagern ist diese Regenerationsmethode schon länger gang und gäbe.

11.4 AKTIVE ERHOLUNG

Neben der „passiven Erholung", wie zum Beispiel das Schlafen, hat auch die aktive Erholung einen großen Stellenwert.

Ein ordentliches Training leitet diese bereits durch das Auswalken nach dem Lauftraining ein. Sie bewegen beim Auswalken also Ihre Beine, ohne diese dabei einer Trainingsbelastung zu unterziehen. Ziel ist es, das Gewebe gut zu durchbluten und dessen Versorgung einzuleiten.

Aktive Erholung kann auch als „zusätzliche", sehr lockere Trainingseinheit durchgeführt werden. Wenn Sie zum Beispiel von Ihrem Lauftraining am darauf folgenden Tag etwas schwere Beine verspüren, dann gehen Sie doch locker spazieren. Das wirkt Wunder!

11.5 AUSREICHEND WASSER TRINKEN

Ausreichend Wasser zu trinken, gehört zu einer gesunden Ernährung einfach dazu. Die Ernährung selbst ist eine tragende Säule Ihrer Gesundheit und Ihrer Leistungsfähigkeit. Denn Wasser ist ein Hauptbaustoff des Körpers.

Trinken Sie zu wenig Wasser, laufen Sie Gefahr, in bestimmten Situationen (Hitze, Schwitzen beim Training) zu dehydrieren und dies schadet nicht nur Ihrer Gesundheit, sondern kann im Extremfall sogar lebensgefährlich werden!

Ausreichend Wasser am Tag zu trinken – vor allem, wenn Sie sich fleißig bewegen und dabei schwitzen –, ist also absolut unverzichtbar. Hinzu kommt die Problematik, dass Sie beim Schwitzen zusätzlich auch wichtige Mineralien verlieren. Beides – der zu hohe Verlust an Wasser und Mineralien – wirkt sich negativ auf Ihre Gesundheit und Ihre Leistungsentwicklung aus.

Oftmals wird eine tägliche Empfehlung von 2-3 Litern Wasser genannt. Achten Sie dabei aber bitte auf ein gutes Markenwasser, welches Sie auch mit den wichtigen Mineralien versorgt.

Ich empfehle Ihnen, sich das Thema Ernährung generell einmal näher anzuschauen. Vielleicht auch im Hinblick auf gesunde Sporternährung. Dazu gibt es jede Menge gute Bücher. Also schauen Sie „über den Tellerrand" und informieren Sie sich!

Das sehr umfassende Thema „Ernährung" in diesem Buch noch unterzubringen, würde den Rahmen bei Weitem sprengen. Zudem ist das Thema „Ernährung" einfach zu wichtig und zu umfangreich.

Durch eine gute Prävention und durch ein Vermeiden von Verletzungen wird Ihr Laufen definitiv besser!

Und genau dazu dient eine gute Prävention.

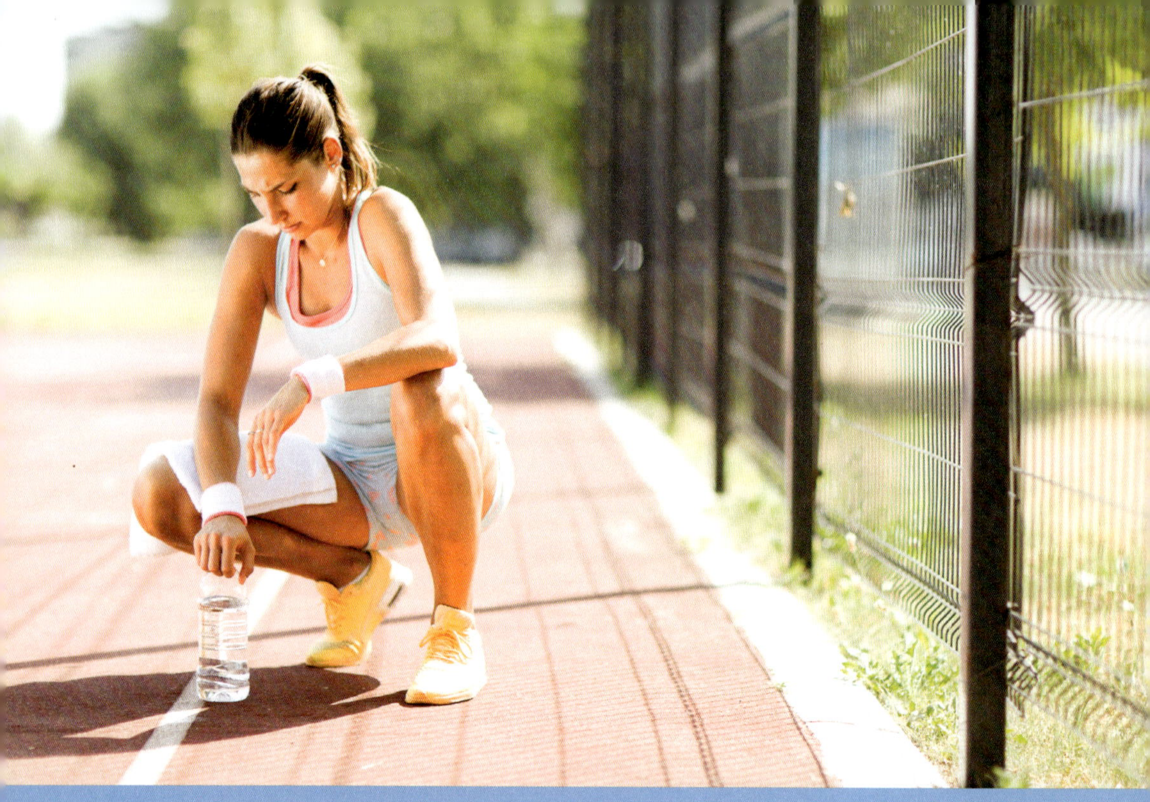

BONUSKAPITEL 12

12 BEISPIELTRAINING AUF DER 400-M-BAHN ZUR STEIGERUNG DER LAUFLEISTUNG

WAS BRINGT IHNEN DIESES KAPITEL?

Wodurch wird in diesem Kapitel Ihr Laufen/Ihre Laufleistung besser?

» *Ein Beispiel einer Trainingseinheit, in der Laufen mit speziellen Übungen verbunden wird. Mit diesem Beispielprogramm werden die zum Laufen benötigte Kraft, Ausdauer, Bewegungsmuster, koordinative Fähigkeiten, verschiedene Lauftempi sowie Ihr Körper trainiert. All dies hilft, Ihre Laufleistung zu verbessern.*

Phase	Programm	Übung	Runden à 400 m *
Warm-up	„Warm-up“	Praxisbeispiel Aufwärmen für Läufer	
Einlaufen		Lockeres Einlaufen und die Atmung aktivieren	3
Kraft:	„Bewegungsmuster der Beine“	In der einen Kurve: Ausfallschritte nach vorne gehen In der anderen Kurve: Ausfallschritte nach vorne gehen mit angehobenem Knie Auf den Geraden jeweils lockeres Auslaufen	3
		Lockeres Laufen	3
	„Laufspiele“	Steigerungsläufe: Verteilen Sie auf jeder Runde vier Steigerungsläufe.	3
		Lockeres Laufen	3
	„Kräftigungsübungen für die Beine“	10 Iron Mikes und dann eine Runde auslaufen. Absolvieren Sie dies dreimal.	3
	„Athletiktraining und Functional Training“	Ganzkörperübung Burpees: 5-10-mal und dann eine Runde auslaufen.	3
Ausdauer		Laufen Sie gegebenenfalls noch einige Runden.	6
Auslaufen		Auslaufen/Cool-down	3
Gesamt		Gesamtes Laufen	30 (12 km)

* Dies ist nur ein Beispiel! 400-m-Rundenzahl sowie die Zusammenstellung der Übungen können Sie natürlich für sich anpassen.

ÜBRIGENS:

Mit diesem Plan haben Sie die folgenden motorischen Fähigkeiten absolviert: Kraft, Ausdauer, Beweglichkeit, Koordination und Schnelligkeit.

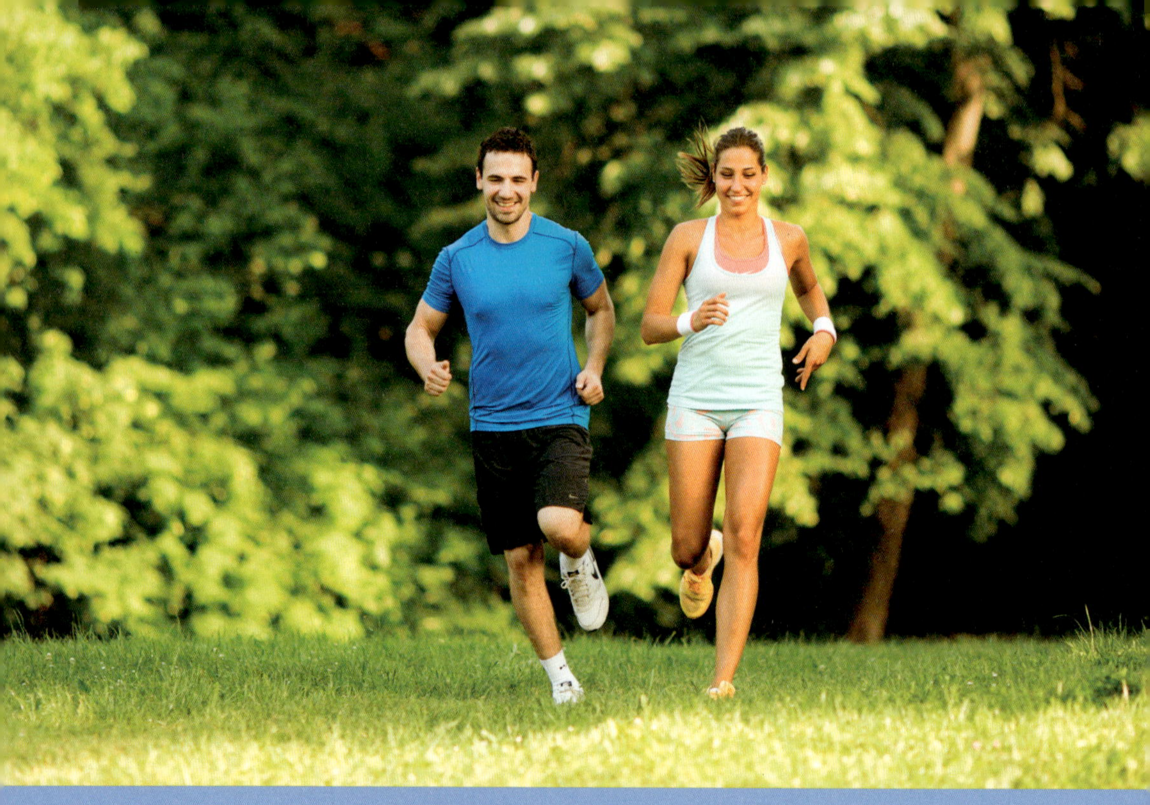

BONUSKAPITEL 13

13 BEISPIELTRAINING FÜR DEN STADTPARK ODER FÜR DIE URBANE UMGEBUNG ZUR STEIGERUNG DER LAUFLEISTUNG

WAS BRINGT IHNEN DIESES KAPITEL?

Wodurch wird in diesem Kapitel Ihr Laufen/Ihre Laufleistung besser?

» *Ein Beispiel einer Trainingseinheit, in der Laufen mit speziellen Übungen verbunden wird. Mit diesem Beispielprogramm werden die zum Laufen benötigte notwendige Kraft, Ausdauer, Bewegungsmuster, koordinative Fähigkeiten, verschiedene Lauftempi, sowie Ihr Körper trainiert. All dies hilft, Ihre Laufleistung zu verbessern.*

Phase	Programm	Übung	Aufgabe in Meter *
Warm-up	„Warm-up"	Praxisbeispiel Aufwärmen für Läufer	
Einlaufen		Lockeres Einlaufen und die Atmung aktivieren	500
Kraft	„Bewegungsmuster der Beine"	Ausfallschritte nach vorne gehen. 5 x 10 m nach jedem Satz 10 m lockeres Traben	100
		300 m locker laufen	300
		Ausfallschritte nach vorne gehen mit angehobenem Knie 5 x 10 m nach jedem Satz 10 m lockeres Traben	100
		Lockeres Laufen	2.000
	„Laufspiele"	Steigerungsläufe: Verteilen Sie auf 2 km 4-5 Steigerungsläufe.	2.000
		Lockeres Laufen	2.000
	„Kräftigungsübungen für die Beine"	10 Iron Mikes und dann 500 m auslaufen. Absolvieren Sie dies dreimal.	1.500
	„Athletiktraining und Functional Training"	Ganzkörperübung Burpees: Auf eine Strecke von 1.500 m verteilt 3 x 5 Burpees absolvieren.	1.500
Ausdauer		Laufen Sie gegebenenfalls noch einige Runden.	Nach Belieben
Auslaufen		Auslaufen/Cool-down.	1.000

* Dies ist nur ein Beispiel! Die Länge der Einheiten in Meter sowie die Zusammenstellung der Übungen können Sie natürlich auf sich anpassen.

ÜBRIGENS:

Mit diesem Plan haben Sie die folgenden motorischen Fähigkeiten absolviert: Kraft, Ausdauer, Beweglichkeit, Koordination und Schnelligkeit.

GERADE IM STADTPARK

Nutzen Sie den kompletten Park! (Natürlich nur, was erlaubt ist!)

Binden Sie Übungen auf den Wiesen ein, an Parkbänken, oder sind gar Geräte vorhanden, welche sich für Ihr Trainingsvorhaben eignen?

Wenn vorhanden, laufen Sie Treppen und Steigungen, auf geteerten Wegen über (hügelige) Wiesen usw.

Im Park gibt es auch sehr häufig Rundwege. Suchen Sie sich die Rundwege aus, welche zu Ihrem Training aufgrund ihrer Länge, Beschaffenheit und Möglichkeiten passen. Aber: Variieren Sie ruhig auch einmal die Wege!

Ich persönlich habe im Stadtpark eine Runde gefunden, welche tatsächlich knapp 400 m lang ist. Da simuliere ich immer sehr gerne das Bahntraining einer 400-m-Tartanbahn. Aber eine 200-m-Bahn ginge auch, einfach als 200 m Länge nutzen oder diese immer zweimal laufen, dann hätte ich ja auch die 400 m.

GERADE IN URBANER UMGEBUNG

Nutzen Sie die Stadt (Natürlich nur, was erlaubt ist!)

Nutzen Sie die Bänke an Plätzen, Treppen, Steigungen der Brücken, hügelige Straßen für Ihre Übungen. Kreieren Sie Rundwege, speziell auf Ihr Training abgestimmt. Mit welchem selbst zusammengestellten Rundweg haben Sie die besten Möglichkeiten für Ihr Training?

Praktisch, wenn es dunkel ist: Suchen Sie sich beleuchtete Straßen oder Plätze aus!

Ich persönlich trainiere gerne auf Plätzen. Ich laufe immer am äußeren Rand des Platzes entlang (das wäre eine Runde) und mache an einer bestimmten (ruhigen) Stelle des Platzes meine Übungen und laufe die nächste Runde usw.

Bei diesem Platz habe ich den Vorteil, dass alles vorhanden ist: Bänke, Treppen usw. Aber selbst wenn Ihr Platz keine Treppen hat, Bänke gibt es dort doch bestimmt und falls doch nicht, so haben Sie in diesem Buch ja wirklich genug Übungen ohne eine Bank.

ANHANG

1 LITERATUR

Meier, H. (2018). *Das Trimm-Dich-Buch.* Aachen: Meyer und Meyer.

Meier, H. (2020). *Das Parkbank-Workout.* Aachen: Meyer und Meyer.

Galloway, J. (1992). *Die Run-Walk-Run-Methode.* Aachen: Meyer und Meyer.

Dr. Graumann, L., Dr. Walter. U. & Dr. Krapf, F. (2. Auflage 2020). *Regeneration.* München: riva Verlag.

2 ÜBER DEN AUTOR

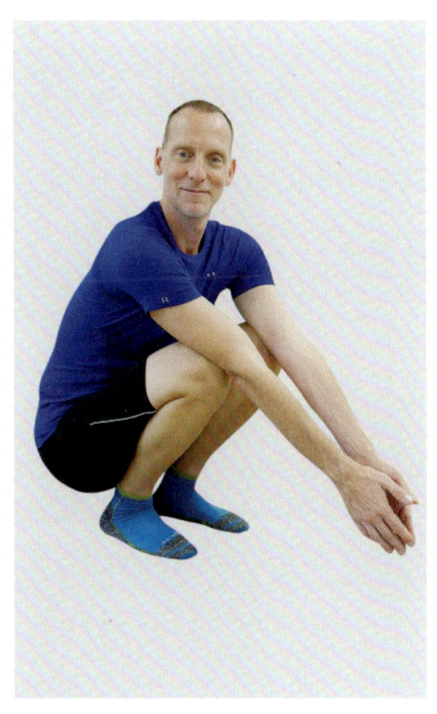

Holger Meier ist ausgebildeter Fitness Trainer Master und Ernährungsberater. Er hat bereits an über 50 Marathons sowie an diversen Ultraläufen teilgenommen. Als Trainer betreut er in den Bereichen Athletik, Functional Training und Ernährungssteuerung neben Welt- und Europameistern aus den verschiedensten Sportarten auch Manager und Firmen. Darüber hinaus gibt er Fachseminare zu diversen Themen rund um Sport und Ernährung.

Zudem ist er Autor des Buchs DAS TRIMM-DICH-BUCH sowie „DAS PARKBANK-WORKOUT".

Folgen Sie Holger Meier über die Social Media Kanäle:

 https://www.facebook.com/Moving.Holger/

 https://www.instagram.com/holger_meier_fitness_autor/

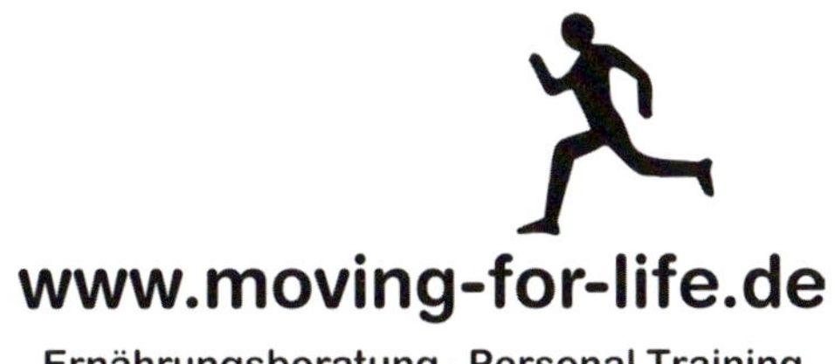

3 BILDNACHWEIS

Umschlagfoto:	© AdobeStock
Cover- und Umschlaggestaltung:	Katerina Georgieva
Innenlayout:	Katerina Georgieva
Satz:	www.satzstudio-hilger.de
Fotos Innenteil:	© AdobeStock: S. 14, 28, 44, 52, 68, 90, 108, 116, 119, 142, 164, 166, 167, 170-176, 188, 190; © Holger Meier: S. 123, 124, 159; alle übrigen Bilder: © Sven Zuraszek
Abbildungen:	© Holger Meier
Models:	Holger Meier, Cally Karaszkiewicz
Lektorat:	Dr. Irmgard Jaeger

Die MuskelManufaktur

Cally & Sven

Lieber Holger,

vielen lieben Dank für den tollen, witzigen Shooting-Tag. Es hat mich sehr gefreut für dein Buch vor der Kamera zu stehen.

Danke!

Kurz zu mir: ich bin ein Teil der MuskelManufaktur. Wir, Cally & Sven, sind mehr als nur Personal Trainer in der Kaiserstadt Aachen und vor allem mehr als nur ein Fitnessstudio.
Als Blogger Duo versorgen wir dich mit Stories aus unserer kleinen freaky Fitnesswelt. Wir behandeln Themen rund um Training und Ernährung, präsentieren gesunde Rezepte, leckere Schlemmereien und teilen Stories unserer Member aus unserer PersonalBox.

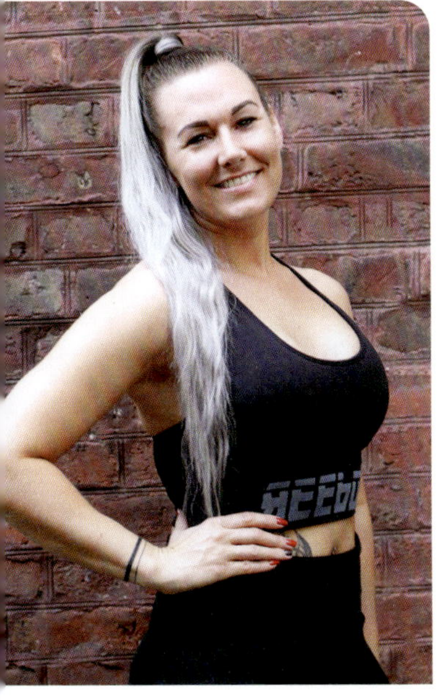

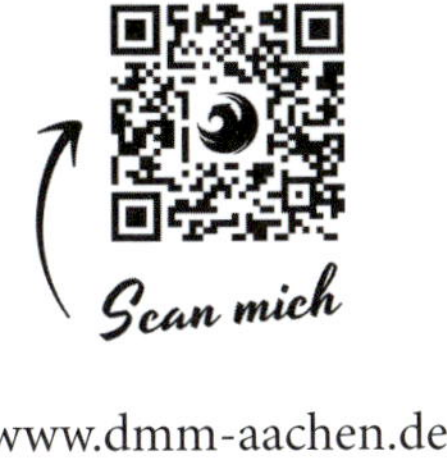

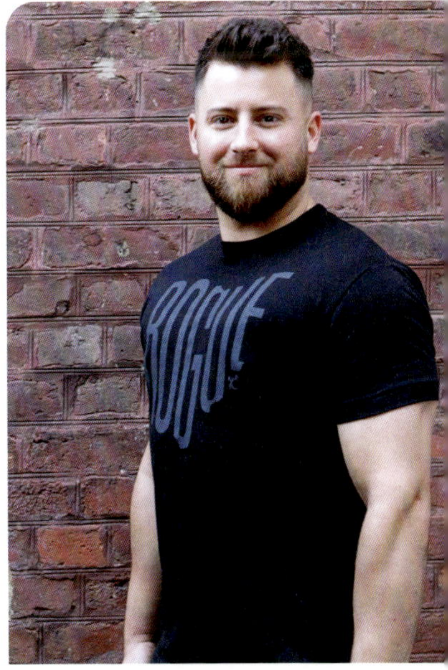

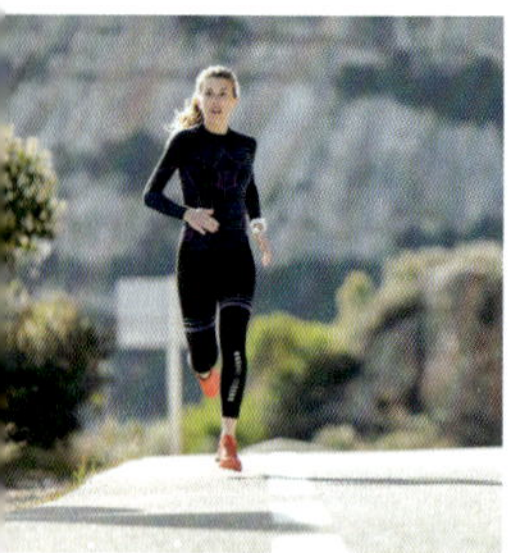

WEITERE WERKE DES AUTORS

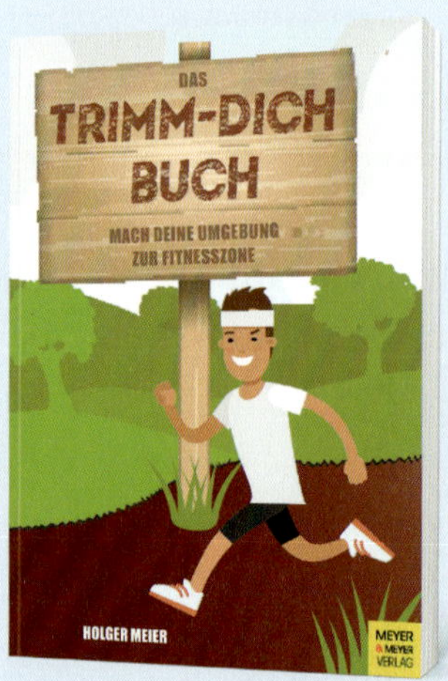

DAS TRIMM-DICH-BUCH

208 Seiten, 361 Abb.,
4c, Paperback, 16,5 x 24 cm

ISBN 978-3-8403-7609-2
€ [D] 19,95/[A] 20,60

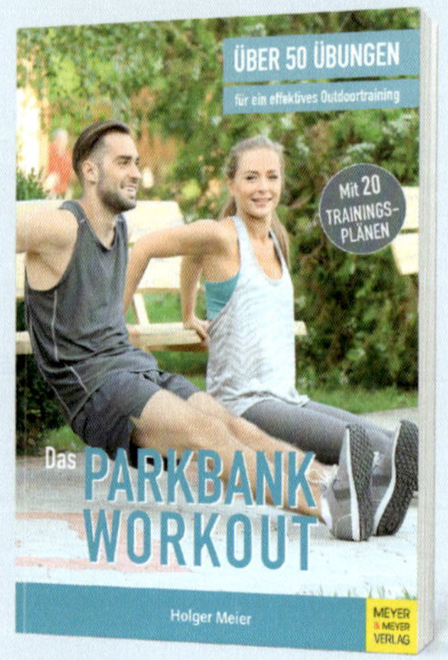

DAS PARKBANK-WORKOUT

248 Seiten, ca. 200 Abb.,
4c, Paperback, 16,5 x 24 cm

ISBN 978-3-8403-7686-3
€ [D] 20,00/[A] 20,60

Abonnieren Sie unseren kostenlosen Newsletter unter **www.dersportverlag.de**

WEITERE WERKE FÜR LÄUFER

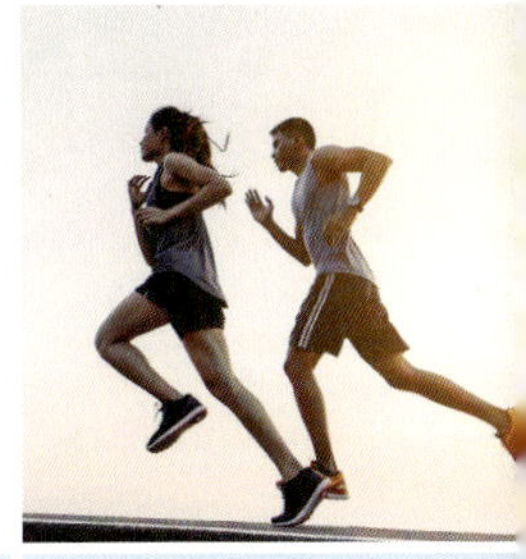

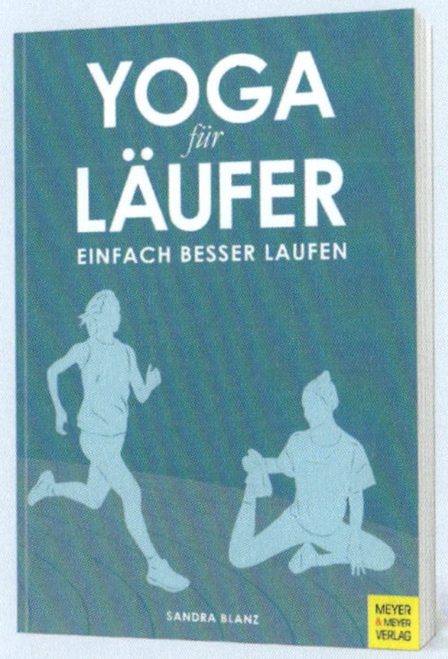

YOGA FÜR LÄUFER

272 Seiten, 317 Abb.,
4c, Paperback, 16,5 x 24 cm

ISBN 978-3-8403-7729-7
€ [D] 22,00/[A] 22,70

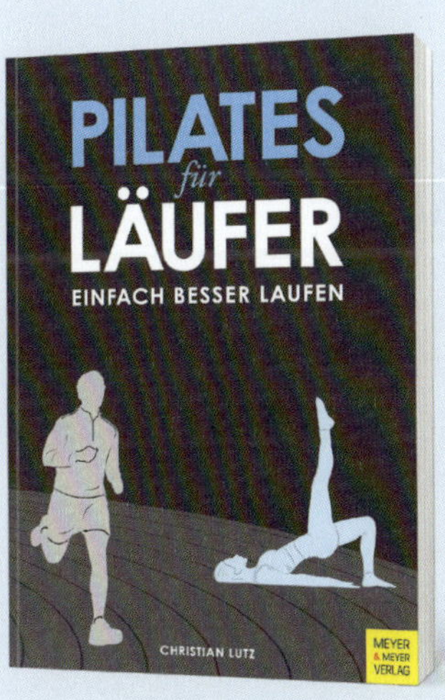

PILATES FÜR LÄUFER

240 Seiten, 358 Abb.,
4c, Paperback, 16,5 x 24 cm

ISBN 978-3-8403-7730-3
€ [D] 22,00/[A] 22,70

Preisänderungen vorbehalten und Preisangaben ohne Gewähr! Bild oben rechts © AdobeStock

MEYER & MEYER Verlag
Von-Coels-Str. 390
52080 Aachen

Telefon 02 41 - 9 58 10 - 25
Fax 02 41 - 9 58 10 - 10
E-Mail vertrieb@m-m-sports.com
Website www.dersportverlag.de

MEYER & MEYER VERLAG

Abonnieren Sie unseren kostenlosen Newsletter unter **www.dersportverlag.de**

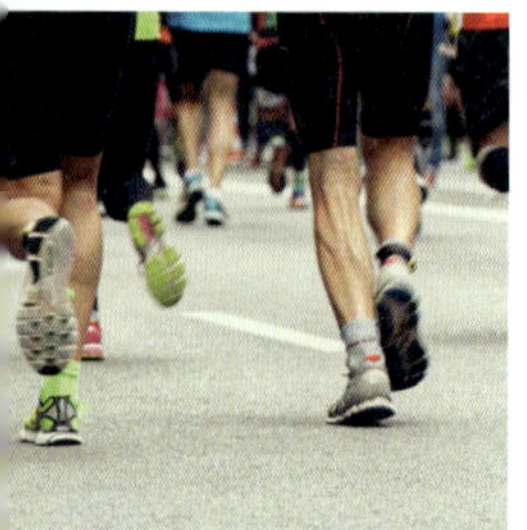

WEITERE WERKE FÜR LÄUFER

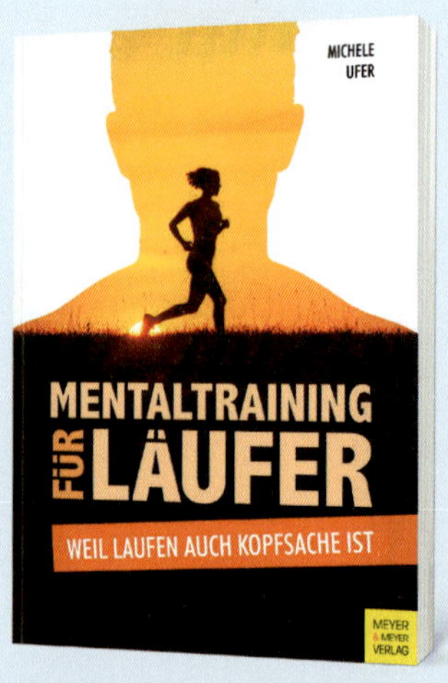

MENTALTRAINING FÜR LÄUFER

280 Seiten, 32 Abb.,
4c, Klappenbroschur, 16,5 x 24 cm

ISBN 978-3-89899-926-7
€ [D] 19,95/[A] 20,60

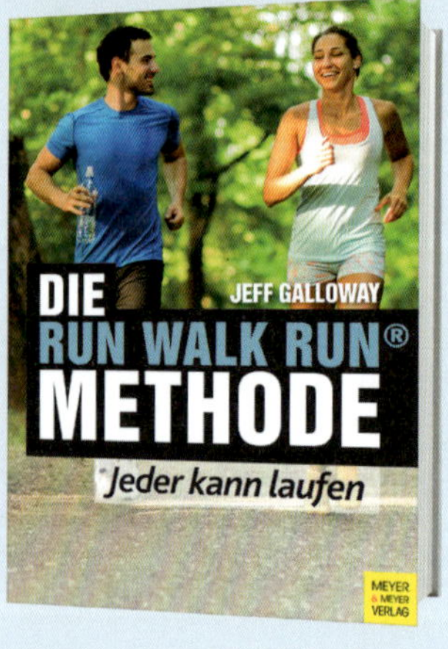

DIE RUN WALK RUN METHODE

168 Seiten, 33 Abb.,
4c, Klappenbroschur, 16,5 x 24 cm

ISBN 978-3-89899-939-7
€ [D] 16,95/[A] 17,50

MEYER & MEYER VERLAG

MEYER & MEYER Verlag
Von-Coels-Str. 390
52080 Aachen

Telefon 02 41 - 9 58 10 - 25
Fax 02 41 - 9 58 10 - 10
E-Mail vertrieb@m-m-sports.com
Website www.dersportverlag.de